Elsa

LO PRIMI

Descubre tu familia en la iglesia
y en la Trinidad

SCOTT HAHN

LO PRIMERO ES
EL AMOR

Descubre tu familia en la Iglesia
y en la Trinidad

Sexta edición

EDICIONES RIALP, S. A.
MADRID

Título original: *First Comes Love. Finding Your Family in the Church and the Trinity*

© 2002 *by* SCOTT WALKER HAHN
Publicado por acuerdo con The Doubleday Broadway Publishing Group, una división de Random House, Inc.

© 2012 de la versión española realizada por JOSEMARÍA NÚÑEZ MARTÍN y EULALIO FIESTAS LÊ-NGOC, *by* EDICIONES RIALP, S.A., Alcalá, 290. 28027 Madrid.

Primera edición española: Enero 2005
Sexta edición española: Diciembre 2012

Con aprobación eclesiástica del Obispo de Steubenville (EE.UU.), 19 de diciembre de 2001.

Fotocomposición: Gráficas Anzos, S. L.
ISBN: 978-84-321-3525-5
Depósito legal: M. 39.667-2012

Impreso en España   Printed in Spain

Anzos, S. L. - Fuenlabrada (Madrid)

A Michael Scott Hahn

ÍNDICE

PRÓLOGO

En este libro resuenan grandes ideas, sacadas de la Sagrada Escritura, de los Padres y de la fe viva de la Iglesia, para ayudarnos a conocer lo grande y bueno que es Dios, haciéndonos ver cómo ha creado pequeñas familias humanas y la gran familia de la fe como imágenes del misterio más profundo y entrañable: el misterio de Dios mismo.

Dios es grande y está lleno de amor. No es un Dios solitario. No domina sobre el cielo y la tierra como un ser en completa soledad. Es Padre, y tiene un Hijo eterno, al que está unido por el cariño más profundo mediante el amor que es el Espíritu Santo. Es una familia.

Porque es grande, Dios desea que sus hijos sean grandes y estén llenos de amor. Como el Padre eterno es eternamente miembro de la familia divina que llamamos Trinidad, no está solo y proclama desde el comienzo de la humanidad que «no es bueno que el hombre esté solo» (*Gn* 2, 18). Estamos hechos para vivir en amor y en familia: en nuestras modestas familias, en la familia de fe y en la familia de la Trinidad.

Las personas están llamadas a vivir en un amor grande, en familia. Hombre y mujer están llamados a descubrir el amor que supera la profunda soledad y el egoísmo, que son herencia de nuestra propia carne, mediante la entrega total del uno al otro en el amor que crea el matrimonio y los hogares, y que llama a la existencia a unos hijos que son lo más querido que hay para sus padres.

El amor humano es débil, y las familias humanas necesitan ser introducidas en la gran familia de Dios para llegar a ser lo que anhelan ser. Antes incluso de que Dios nos enseñara plenamente el misterio de la Trinidad, quiso que el primer hombre considerase a Dios como su Padre, que viviera como hijo de Dios y que hiciera por su Padre las tareas familiares de cultivar la tierra y guardarla.

El primer cabeza de la familia humana fracasó, así que Dios hizo lo que ya sabemos y nos envió a su Hijo eterno, para traernos, de un modo más sublime, los dones de amor y unidad que quería que tuviésemos. El cardenal Newman habla de cómo lo que fracasó en Adán, en absoluto fracasó en Cristo.

¡Oh, amada sabiduría de nuestro Dios!
Cuando todo era pecado y culpa,
vino un segundo Adán
para el rescate y la lucha.

¡Oh, el más sabio amor!, esa carne y sangre
que en Adán se vio fenecer
se esforzará de nuevo contra el enemigo,
se esforzará y logrará vencer.

Y un don más alto que la gracia
carne y sangre pondrá en refino:
la presencia de Dios y su mismo Ser
y Esencia totalmente divinos.

Comienza este libro con la historia de aquel primer Adán y vuelve una y otra vez a esa historia, como en espiral, examinando la narración del Génesis a la luz del segundo Adán, Jesucristo. En Cristo, nuestras pequeñas familias humanas han de ser introducidas en la sublime familia de Dios y saber, con el calor de la fe, que Dios es verdaderamente su Padre. Pero nuestras familias han de ser introducidas también en la gran familia visible que nos abarca, más bendita y salvadora que ninguna de las «familias depositarias» de la antigüedad (cf. capítulo 2). Nuestras familias han de ser introducidas en la familia de la Iglesia. Porque la Iglesia refleja esa Familia de Dios, que es la Trinidad, y al mismo tiempo es en la tierra la Familia de Dios, que da aliento constante y dones de vida a las pequeñas familias.

Son del todo sorprendentes los caminos por los que Jesús, el Hijo eterno, aúna el misterio de la familia humana y el misterio, mucho mayor, de la Familia de Dios. En este libro se habla con gran ardor del lugar que ocupa la Eucaristía (capítulo 7). Cuando Adán fue incapaz de mostrar el amor que Dios le dio para que lo compartiera, y condujo a su familia humana al pecado, el Hijo eterno se hizo nuestro propio hermano y nueva cabeza y fundador de nuestra familia humana..., y Él no fracasó. Nos dio a nosotros, y a todos en nuestras familias, un parentesco con Dios. Como escribe el profesor Hahn: «Nuestro parentesco con Dios es tan real que su misma sangre fluye por nuestro cuerpo... En la comida de la nueva Alianza, la Familia de Dios come el cuerpo de Cristo y por tanto se convierte en el cuerpo de Cristo... "Los hijos participan en la carne y en la sangre" (*Heb* 2,14)».

El libro incluye también un tesoro de citas y notas a pie de página, cuya riqueza te animo a consultar.

En la familia visible de la Iglesia, como en la familia trinitaria que es Dios, cada persona, por mucho que se hayan roto su hogar y sus esperanzas, puede encontrar una familia de lo más entrañable. La Iglesia ofrece fuerza y luz a toda pequeña familia, de manera que pueda ser con alegría y perfección aquello para lo que fue creada: un lugar de amor, que reluce con los dones de Dios, que es quien capacita a la familia y a cada uno de sus miembros para que puedan conseguir diversos y maravillosos modos de perfección.

Toda familia, incluso la más débil y sufrida, está llamada a ser grande. Y puede llegar a ser grande, porque esto significa ser introducida (y eso es posible) en la gran familia de Dios, que es la fuente de la alegría de la grandeza sin fin.

RONALD D. LAWLER, O. F. M. Cap.
Miembro de la Pontificia Academia Romana de Teología

14

I. LA HISTORIA MÁS ANTIGUA DEL MUNDO

Hay pocas cosas que puedan apartar a un universitario de la cafetería. El universitario varón tiene un enorme y primario apetito de comida... incluso de comida de menú. Y yo era, en cuanto universitario y en cuanto chico, como cualquier otro estudiante de la Universidad de Grove City.

Pero un día de otoño descubrí que había una fuerza de la naturaleza que superaba incluso a la comida. Su nombre era Kimberly Kirk.

La divisé tocando el piano en el antecomedor. La melodía era bonita, pero la música —aun la más excelente..., y sus canciones eran deslumbrantes— ocupa un puesto relativamente bajo en las prioridades de un chico universitario.

De lejos podía ver que la joven del teclado tenía un bonito y atractivo corte de pelo... y una sonrisa aún más atractiva.

Me puse en marcha y, entre canción y canción, intenté entablar una conversación intrascendente. Pude enterarme de que le apasionaba el teatro y le interesaba la literatura; estudiaba comunicación. Tocó una pieza que había compuesto ella misma y era magnífica.

Luego cantó mientras se acompañaba, y pensé: *podría ganarse la vida así.*

Me di cuenta de que tenía que pasar del tema, y rápido. Scott Hahn no estaba por la labor de enamorarse de otra mujer. Me explico: no muchos días antes de ese encuentro, había tomado la firme decisión de no entablar una nueva relación. Después de varias relaciones, llegué a la conclusión de que salir con una chica era una trampa sentimental, un amplio desgaste de juegos psicológicos... que hacen daño y te hacen daño. Ya había tenido suficiente. Además, estaba haciendo tres especialidades (Economía, Filosofía y Teología) y también trabajaba como ayudante. No tenía tiempo.

Así que ese día de otoño, con un educado «encantado de conocerte», giré mi cuerpo de universitario de vuelta a la cafetería.

Mi cabeza, sin embargo, era otra cuestión. Unos días después atravesaba yo el patio y pude echar un vistazo a Kimberly Kirk, que estaba por allí. Al observar su paso, pensé: *Chico, es muy guapa.* Entonces me acordé de nuestro encuentro en el antecomedor: *Y es realmente inteligente y con talento musical...*

Con todo, mi obstinada decisión seguía en pie. No podía pedirle una cita. Salir era implanteable en aquel momento de mi vida: incluso quedar con una chica radiantemente guapa, tan ingeniosa e inteligente. No, no podía hacerlo.

Así que elegí la siguiente mejor opción. Le pregunté si le gustaría echarme una mano en *Young Life*, un programa de pastoral juvenil que estaba ayudando a poner en marcha en un instituto de la localidad. Con gran alegría por mi parte, ella dijo que sí, sin mencionar en ningún momento que su padre había sido uno de los fundadores de *Young Life*, hacía dos décadas.

En esta colaboración fue cuando realmente descubrí a Kimberly Kirk. Tenía fe, y un celo evangélico que superaba todos sus otros dones. Nunca me cansaba de su compañía. Al poco tiempo pasábamos juntos cuatro, cinco o seis horas al día, y rematábamos nuestro trabajo con guerras de bolas de nieve, largos paseos, profundas conversaciones y música, dulce música.

En menos de un mes, mi precipitada promesa se había esfumado. Estaba perdido. Kimberly Kirk y yo nos estábamos enamorando.

No quiero aburrirte con detalles personales. Sé que no hay nada excepcional en nuestra historia. Nos conocimos; nos sentimos atraídos el uno por el otro, pero decidimos aguantar el tipo sin ceder; así que nos resistimos a esa atracción hasta que no pudimos resistir más. Chico conoce a chica: ésta es, al pie de la letra, la historia más antigua del mundo.

1. El uno es el número más solitario

Cuando cristianos y judíos cuentan la historia del género humano, comienzan «en el principio», con la creación por Dios de un hombre llamado Adán. «Adán» es el nombre de un individuo, el padre del género humano, pero es mucho más. *Adam* es la palabra hebrea que significa «humanidad». Es algo parecido a la forma en que usan los estadounidenses el nombre «Washington» para referirse al primer presidente, a la capital y al gobierno de su país. La historia de Washington es, en cierto sentido, la historia de los Estados Unidos. Pero la historia de Adán es aún más grande. Pertenece a todas las naciones del mundo y a todas las personas. La historia de Adán es nuestra historia: la mía y la de Kimberly, y la tuya.

Recordemos esa historia del comienzo de la Biblia. El libro del Génesis empieza con el relato de la creación del universo. En seis «días» consecutivos, creó Dios todas las cosas: noche y día; el cielo y los mares; el sol, la luna y las estrellas; los pájaros y los peces; y las bestias del campo. Después de cada acto creador, miró Dios lo que había hecho y declaró que era «bueno». Para coronar su obra, creó al hombre el sexto día y le dio el dominio sobre toda la tierra. Sólo entonces miró Dios lo que había hecho y dijo que era «muy bueno» (*Gn* 1, 31).

En el siguiente capítulo del Génesis vemos que Dios ornamentó todo el mundo para deleite del hombre: «Hizo el Señor Dios brotar de la tierra toda clase de árboles hermosos a la vista y sabrosos al paladar» (2, 9). Dios dio a Adán este lozano y fértil jardín para que lo cultivase y lo guardase (2, 15). De esta manera, Adán vivió en un mundo hecho a medida de su disfrute, un mundo sin pecado, sin sufrimiento ni enfermedad... un mundo en el que el trabajo era siempre gratificante, un mundo que, nos dice el Génesis, era *bueno* a más no poder.

Pero Dios mismo contempló esta situación y, por primera vez en la Sagrada Escritura, declaró que había algo que «no era bueno». Dijo: «No es bueno que el hombre esté solo» (*Gn* 2, 18)[1].

---

[1] Cf. el tratamiento de la «soledad original» en Juan Pablo II, *Matrimonio, amor y fecundidad*, Palabra, Madrid 1998.

¡Qué extraordinaria afirmación! Recuerda que esto sucedió antes de la Caída de la humanidad, antes de que el pecado y el desorden pudieran entrar en la creación. Adán vivía en un paraíso terrenal como hijo de Dios, hecho a su imagen (*Gn* 1, 27). Sin embargo, había algo que «no era bueno». Algo estaba incompleto. El hombre estaba solo.

Dios determinó inmediatamente poner remedio a esta situación, y dijo: «Voy a hacerle una ayuda adecuada a él» (*Gn* 2, 18). Así que Dios trajo ante el hombre a todos los animales y le pidió que les pusiera nombre, que ejercitase su autoridad sobre ellos.

Aun así, las cosas todavía «no eran buenas»: «pues no había para el hombre una ayuda adecuada a él» (*Gn* 2, 20). Aunque Adán podía someter a los animales y disfrutar cultivando una tierra fértil y grata, aún estaba incompleto. Porque Dios creó al hombre el mismo día que los animales, pero le hizo diferente a ellos. Sólo el hombre fue creado a imagen y semejanza de Dios. Por tanto, incluso con todos los animales del mundo, el hombre estaba solo sobre la tierra.

Lo que sigue en el Génesis es la esencia de toda historia de amor:

«Hizo, pues, el Señor Dios caer sobre el hombre un profundo sopor; y, dormido, tomó una de sus costillas, cerrando su lugar con carne, y de la costilla que del hombre tomara, formó el Señor Dios a la mujer, y se la presentó al hombre. El hombre exclamó: "Esto sí que es ya hueso de mis huesos y carne de mi carne". Se llamará mujer porque del hombre ha sido tomada» (2, 21-23).

El mundo de Adán parecía que estaba completo. Tenía un buen trabajo, un hogar bonito, animales domésticos y actividades para mantenerle ocupado. Pero él estaba incompleto. Incluso como «imagen de Dios» sólo estuvo completo cuando la mujer, Eva, se unió a su vida. El hombre y su mujer se hicieron «una sola carne» (*Gn* 2, 24). «Y creó Dios al hombre a imagen suya, a imagen de Dios lo creó; hombre y mujer los creó» (*Gn* 1, 27).

Adán no habría de volver a conocer la soledad, porque tenía a Eva a su lado en un mundo perfecto. Podía darse cuenta ahora de que en la vida había algo más que las labores del campo, más que una bonita casa, más que el poder. Existía el verdadero amor humano. Y la buena compañía de Adán no se limitaría a la pareja perfecta, «la ayuda adecuada a él». Porque «Dios les bendijo diciéndoles: "Procread y multiplicaos, y poblad la tierra"» (*Gn* 1, 28).

La imagen de Dios quedó completada con la creación de la familia. Sólo entonces el Edén fue realmente el paraíso.

2. DE JARDÍN A BOSQUE[2]

Chico conoce a chica. Adán conoce a Eva. Scott conoce a Kimberly. Ya sabes. Es el tema de la mayoría de nuestras películas, novelas, leyendas épicas y

---

[2] Scott Hanh suele dividir los capítulos con algunos ladillos en los que hace frecuentes juegos de palabras, intraducibles al español; en este caso, el original inglés es *From Garden to Grove*, refiréndose, con esta última palabra, a la universidad en la que estudió. En otras ocasiones la traducción puede reflejar algo de la intencionalidad del autor, como en el caso de *Children of a Lesser Good* (Hijos de un bien menor), en vez de *Children of a Lesser God* (Hijos de un dios menor, pelí-

canciones populares. Es la esencia de nuestros mejores recuerdos, de nuestros más profundos anhelos, de nuestras necesidades más acuciantes. No es bueno estar solo.

Siempre que leo esta historia, la más antigua del mundo, no puedo sino ponerme nostálgico e identificarme con Adán. Yo tenía todo lo que pensaba que necesitaba en la vida: tres especialidades universitarias, cada una de las cuales me parecía fascinante; una labor activa y gratificante con gente joven; y, por supuesto, la cafetería. Vivía en un campus lleno de árboles, agradable a la vista, estimulante para la mente y generoso a la hora de comer. Ni siquiera sabía que estaba incompleto, no podía saberlo, hasta que vi lo que me había estado perdiendo.

Dios no me había creado precisamente para la filosofía, economía, teología, o para un ministerio, por muy buenas que pudieran ser todas esas cosas. Dios me había creado para mucho más que eso, y me había creado para Kimberly Kirk. Su imagen en mí no empezaría a estar completa hasta que dijera que sí a la clara llamada de Dios para que me casara con ella.

Dios me creó, como hizo contigo y con todas las demás personas del mundo, para la familia. Todo lo

---

cula de 1986 dirigida por Randa Haines), *National Family Planning* (por *Natural Family Planning*) o *Hey Judea*, que, en la pronunciación inglesa, recuerda la conocida canción de los Beatles *Hey, Jude*. Por lo general, hemos optado por una traducción lo más literal posible de estos subtítulos, aun a sabiendas de que, en los casos de homofonía inglesa, resultan anodinos en la versión y sin la gracia provocadora del original; a título de ejemplo, véase *The Son* (por *Sun*) *also Rises*, *This* (por *Dis-*) *Functional Family*, etc. [n. del tr.].

que vemos, oímos, sentimos y gustamos en la creación es *bueno*, pero *no es bueno* que estemos solos.

Lo que voy a llamar el imperativo familiar es un presupuesto básico de nuestra cultura. Las universidades lo saben, por ejemplo, y por eso tratan de presentarse como una familia adoptiva para los adolescentes que emprenden su primera aventura fuera del hogar paterno. Lo hacen bastante bien, y crean vínculos que con frecuencia duran toda la vida. La universidad a la que fui gusta de referirse a sí misma, en el correo con los antiguos alumnos, como *alma mater*, es decir, en latín «madre nutricia». El campus tiene fraternidades y asociaciones de estudiantes, literalmente hermandades, tanto para chicos como para chicas, y cada año se celebra la semana de *vuelta a casa*. Los de la asociación de antiguos alumnos saben que, en la medida en que puedan mantener vivas esas asociaciones familiares, me resulta más fácil enviar con gusto dinero «a casa», a la Universidad de Grove City.

3. No FAMILIAS NORMALES Y CORRIENTES

Los de marketing lo saben, y nosotros también. Estamos hechos para la familia. Para mucha gente, ésta es una verdad evidente en sí misma; pero para algunos se trata de una promesa vacía o rota, una propuesta en la que es casi imposible creer. En las últimas generaciones hemos visto que la familia, como institución, ha caído en un pronunciado declive. Hace cien años, la mayoría de los matrimonios terminaba sólo con la muerte de uno de los esposos.

Hoy en día muchos matrimonios terminan, amargamente, en divorcio. Muchos hijos tienen que asumir sentimientos de abandono por parte de uno o de ambos padres. Muchos adultos luchan con rabia y con un profundo sentimiento de traición. El fracaso familiar es una epidemia, si no una pandemia.

Para las víctimas de semejantes circunstancias, la palabra «familia» no evoca recuerdos felices ni está asociada a sentimientos agradables. Para ellos es como si un Dios cruel nos hubiera creado para vivir entre traiciones, desafectos o incluso abusos.

Los que han crecido en hogares desunidos o los que han sido traicionados por seres queridos saben que se les ha privado de *un gran bien*. Les abruma el enfado, la amargura y la tristeza precisamente porque saben que carecen de *algo esencial*. Han sido privados de *algo que les corresponde por derecho*. Guardan una profunda herida, y una herida que es la señal de que algo en la naturaleza ha sido penetrado, cortado o roto.

Esa herida es una señal de que no tuvieron algo que la familia debería haberles dado. Su familia no fue lo que tenía que haber sido, aquello para lo que Dios la creó. El fallo, por tanto, no es de la familia tal como Dios la creó, sino de familias concretas cuando se desvían del plan de Dios. El fracaso, la disfunción, familiar es, sin duda, una consecuencia del pecado original; pero *no* es algo con lo que Dios soñara para atormentarnos.

Más aún, nuestra única esperanza de recuperar la integridad y la felicidad es recobrar el plan familiar que Dios tiene para la creación. El *Catecismo de la Iglesia Católica* (CCE) nos dice que todos debemos «purificar nuestros corazones» de todas «las falsas...

imágenes paternales o maternales, correspondientes a nuestra historia personal y cultural, y que impregnan nuestra relación con Dios. Dios nuestro Padre trasciende las categorías del mundo creado. Transferirle a Él, o contra Él, nuestras ideas en este campo sería fabricar ídolos para adorar o demoler. Orar al Padre es entrar en su misterio, tal como Él es, y tal como el Hijo nos lo ha revelado» (n. 2779).

Hemos de esforzarnos por llevar a cabo esta purificación, porque el plan familiar de Dios es más que una mera receta para mejorar nuestra vida doméstica (aunque también sea eso). Es un modo de colmar nuestros anhelos más profundos: de amor, de familia, de hogar. Se trata de recuperar el romance para cuyo disfrute... para siempre... fuimos creados. Más que eso, es el título de otorgamiento de un estado familiar que nadie, ni siquiera el inspector de Hacienda, nos puede quitar. Mucho más, es la revelación de Dios mismo, en su misterio más profundo.

En el centro de la experiencia humana está la familia, que nos resulta familiar a todos nosotros, y la mayoría de nosotros creemos que la entendemos; en cambio, en algún lugar, muy lejos de los límites de nuestra mente, se encuentra Dios, la Santísima Trinidad, que para mucha gente resulta distante, abstracta e inaccesible. Mi propuesta es que no entendemos lo que creemos entender, es decir, la familia, y que poseemos una llave para entender lo que nos parece inescrutable: la Trinidad[3].

---

[3] Cf. Juan Pablo II, «La santísima Trinidad: modelo para todas las familias» en *L'Osservatore Romano*, 10-VI-1998: «En la Trinidad po-

4. Unión en el parto

Creo en todo esto, porque lo he visto. Me casé con Kimberly Kirk el 18 de agosto de 1979. Creamos nuestro hogar y disfrutamos del placer y la alegría de la unión de un hombre y una mujer. Sin embargo, no fue en el éxtasis de nuestra unión corporal cuando vislumbré por vez primera que una familia manifiesta del modo más vívido la vida de Dios..., aunque esa unión tenía ciertamente algo que ver.

Empecé a comprenderlo cuando Kimberly estaba embarazada de nueve meses y medio de nuestro primer hijo. Su cuerpo había ido tomando nuevas proporciones, y me di cuenta, más que nunca, de que su carne no había sido creada exclusivamente para mi deleite. Lo que yo había disfrutado como algo hermoso se estaba convirtiendo ahora en medio para un fin más grande.

Cuando sintió sus primeros dolores de parto, nos fuimos apresuradamente al hospital con la ilusión de que el bebé estaría pronto en nuestros brazos. Sin embargo, el parto de Kimberly fue difícil desde el principio. Hice la broma de que si los hombres pudieran quedarse embarazados, el género humano se habría extinguido poco después de su creación.

---

demos discernir el modelo primordial de familia humana, que consiste en un hombre y una mujer llamados a entregarse el uno al otro en una comunión de amor que está abierta a la vida. En la Trinidad encontramos, también, el modelo de familia eclesial, en la que los cristianos son llamados a vivir en una relación de participación real y solidaridad».

Las horas se prolongaron, horas de duro parto, y el dolor de Kimberly se hizo cada vez más intenso. Lo que dije de broma lo desmentía mi corazón, porque me hubiera cambiado gustosamente por ella en ese momento.

Pasamos un día de esta forma, y después una noche, y luego comenzó otro día. Tras treinta horas de parto, el médico observó poco progreso, y recomendó hacer una cesárea. No era así como nos habría gustado que fueran las cosas, pero nos dábamos cuenta de que la elección no estaba en nuestras manos.

Exhausto, vi cómo las enfermeras ponían a Kimberly en una camilla y la llevaban a otra habitación. Iba a su lado, cogiéndola de la mano, rezando con ella y contando chistes..., cualquier cosa que le levantara el ánimo.

Cuando llegamos a la sala de operaciones, las enfermeras levantaron a Kimberly de nuevo y la pusieron en una mesa; allí la sujetaron y la sedaron. Kimberly estaba congelada, tiritando y con mucho miedo.

Permanecí junto a mi esposa; su cuerpo estaba atado, puesto en forma de cruz sobre la mesa, y rajado para traer una nueva vida al mundo.

Nada de lo que me había enseñado mi padre sobre los detalles de la reproducción, nada de lo que había aprendido en las clases de biología del instituto, podría haberme preparado para ese momento. Los médicos me dejaron quedarme a ver la operación. Cuando el cirujano hizo sus incisiones, pude contemplar todos los órganos principales de Kimberly. «Realmente, pensé, ¡estamos hechos al detalle y de maravilla!». Entonces llegó el momento en que, de entre aquellos órganos, con unos pocos movimientos cuidadosos de las manos del médico, apareció el hermoso cuerpo de mi hijo, mi primer hijo, Michael.

Pero fue el cuerpo de Kimberly lo que se convirtió en algo *más* que hermoso para mí. Ensangrentado, con cicatrices y retorcido de dolor, se convirtió en algo sagrado, un templo vivo, un sagrario, un altar de sacrificio que daba vida.

La nueva vida que ella dio al mundo, esta vida que habíamos creado con Dios, podía ahora mirarla y tocarla con mis manos. Una tercera persona había entrado en la unidad íntima de nuestro hogar. Era el principio de algo nuevo para mí, y para Kimberly y para mí juntos. Dios había tomado las románticas miradas de dos amantes y las había reconducido, sin que dejaran de ser románticas y amorosas. Ahora había tres personas en un hogar feliz cuyo amor les dirigía a un hogar aún más dichoso.

Dios lo sabe: no es bueno que estemos solos. No quiere que estemos solos. Esta es la historia más antigua del mundo, y está escrita en lo más profundo de nuestra naturaleza humana: Él quiere que tengamos un hogar.

II. LOS VALORES DE LA FAMILIA
DE ADÁN

Puede parecer del todo evidente que la gente tiende por naturaleza a vivir en familia, y que no es bueno que el hombre esté solo. Hasta los anuncios personales del periódico dan fe de estos principios. Por tanto, ¿por qué habría alguien de escribir un libro sobre este tema? y ¿por qué ibas a leer un libro así?

Porque hay muchas cosas que debemos *desaprender* para poder entender lo que significaba la familia para los antiguos judíos y cristianos. ¿Cuál es, a fin de cuentas, la clase de familia para la que fuimos creados? ¿Qué tipo de amor, y qué tipo de hogar, constituyen nuestras más profundas necesidades? La respuesta a estas cuestiones puede ayudarnos a ver por qué tanta gente está insatisfecha con el amor y por qué muchos lo buscan en todo tipo de lugares equivocados.

¿Qué entiende la Biblia por familia?[1] No es lo que cabría pensar.

---

[1] Cf. L. Perdue et al., *Families in Ancient Israel*, Westminster John Knox Press, Louisville, Ky. 1997; C. Osiek y D. Balch, *Families in the New Testament,* Westminster John Knox Press, Louisville, Ky. 1997.

Para la mayoría de nosotros, familia quiere decir (al menos en cierto sentido ideal) «mamá, papá y los niños». Familia es ese grupo estrechamente unido de personas, relacionadas por matrimonio o por sangre, que comparten un hogar común. Una familia es lo que se encuadra en un chalet o en un piso. Algunos de nosotros extenderíamos los lazos un poco más, para incluir a los tíos, primos y los abuelos o bisabuelos vivos. Otros incluso extenderían el concepto de familia hasta los primos segundos. Esto es lo que los norteamericanos de hoy llaman familia extensa: toda la gente que acude a las reuniones familiares. A veces pregunto a mis alumnos de la Universidad cuántos de ellos pertenecen a una familia extensa. Por lo general, una cuarta parte de la clase levanta la mano. Entonces les pregunto qué entienden por «extensa»: ¿cuánta gente? Las respuestas suelen ser que alrededor de treinta o cuarenta, aunque algunos han señalado hasta quinientos.

Incluso esta cifra tan alta es minúscula cuando la comparamos con la noción bíblica de familia.

1. EL CINTURÓN TRIBAL[2]

En el antiguo Israel, en realidad en la mayoría de las culturas antiguas, la familia extensa definía el

---

Para un tratamiento profundo de la visión bíblica de la familia como personalidad corporativa, cf. J. de Fraine, S.J., *Adam and the Family of Man*, Alba House, Staten Island, N.Y. 1965.

[2] Sobre la naturaleza religiosa de las culturas patriarcales en la antigüedad, cf. K. van der Toorn, *Family Religion in Babylonia, Syria and Israel*, Brill, Leiden 1995; C. Pressler, *The View of Women Found*

mundo de un sujeto dado. La familia de cualquiera incluía a todos los descendientes de un determinado patriarca, normalmente un hombre que vivió siglos antes. La nación de Israel era una familia de este tipo, puesto que fue poblada en su mayoría por los que se reconocían descendientes del patriarca Jacob (también conocido como Israel). Los doce hijos de Jacob, a su vez, proporcionaron la identidad familiar a las «Doce Tribus» de Israel. Cada tribu, entonces, era una familia distinta cuyos miembros se llamaban entre sí «hermanos» y «hermanas», hijos de un padre común, el antiguo patriarca. De esta forma, incluso a los primos lejanos se les consideraba hermanos. De hecho, la mayoría de las lenguas semíticas antiguas no tienen una palabra para decir «primo», puesto que «hermano» o «hermana» servía para tal propósito. En el libro de Josué del Antiguo Testamento, vemos una expresiva descripción de este orden social, con tribus, clanes y casas que corresponden más o menos a nuestras modernas ideas de federación, estado y gobierno municipal. «Al día siguiente, de mañana, Josué hizo que se acercara Israel por tribus, y fue señalada la tribu de Judá. Hizo acercarse a las familias de Judá, y fue señalada la familia de Zare. Hizo acercar-

---

in the Deuteronomic Family Laws, Walter de Gruyter, New York 1993; C. Dawson, «La familia patriarcal en la historia», en Dinámica de la historia universal, Rialp, Madrid 1961, pp. 122-139. Sobre los discutidos «orígenes tribales» del antiguo Israel en la sagrada Escritura, cf. A. Malamat, History of Biblical Israel, Brill, Leiden 2001; W.G. Dever, What Did the Biblical Writers Know and When Did They Know It?, Eerdmans, Gran Rapids, Mich. 2001; T. L. Thompson, The Mystic Past, Basic Books, New York 1998; K. L. Sparks, Ethnicity and Identity in Ancient Israel, Eisenbrauns, Winona Lake, Ind. 1998.

se a la familia de Zare, por casas, y fue señalada la casa de Zabdi» (7, 16-18).

A menudo la familia tribal estaba vinculada por herencia a una determinada parcela de tierra. Por consiguiente, la «tierra de Judá» (Judea) era la casa de los descendientes de Judá. La tierra era su patrimonio, recibido de los antepasados, que era conservado por la generación actual para las futuras generaciones familiares. La familia se identificaba con la tierra; vender el solar familiar era algo impensable, y a veces legalmente imposible (cf. *Lv* 25, 23-34).

La movilidad personal también estaba limitada. En general, uno vivía y trabajaba dentro de los confines de la tierra de su tribu y moría en la tierra donde había nacido. Si alguien se marchaba lejos de la tierra de los ancestros, seguía identificándose con su tribu y, durante toda su vida, su «hogar» seguía siendo la tierra de los antepasados, y *no* aquella a la que había emigrado. Es más, sus descendientes heredarían este sentimiento, considerándose a sí mismos «extranjeros en tierra extraña», incluso en la tierra en la que nacieron.

2. UNA EXPERIENCIA DE HEREDERO

Las relaciones familiares tampoco terminaban con la muerte. En las culturas antiguas, se veneraba a los antepasados[3]. La veneración se debía sobre todo, pero

---

[3] F. de Coulanges,*The Ancient City*, Doubleday, Garden City, N. Y. 1956, p. 40; H. Maine, *Ancient Law*, Dutton, New York 1977; E. Schillebeeckx, *Marriage: Human Reality and Saving Mistery*, Sheed &

no de forma exclusiva, al patriarca. La tumba de los antepasados se consideraba un segundo hogar. Por medio de la tradición oral, las familias conservaban cuidadosamente sus genealogías, que enlazaban las generaciones y unían a los hijos de hoy con el patriarca.

Los miembros de la familia vivían bajo unas normas, por lo general no escritas, que establecían sus deberes dentro del clan y su comportamiento hacia los de fuera. Todos los miembros estaban obligados a defender el honor de la familia. Un hombre no elegía un oficio sobre la base de sus intereses, ni siquiera de sus habilidades; su trabajo estaba determinado por las necesidades familiares, y sus ganancias se acumulaban para provecho de la familia.

Por último, la pertenencia a una familia determinaba la religión. La familia era por encima de todo una comunidad religiosa, perpetuada para el culto de sus particulares «dioses familiares». El sacerdocio pasaba de padre a hijo (preferentemente el primogénito), quien dirigía el culto según la tradición de sus antepasados. El dios de la familia era el dios de los antepasados[4]. Los israelitas, por ejemplo, se referían

---

Ward, New York 1965, p. 234: «Cada familia tenía su propia liturgia doméstica... Su sacerdote era el *paterfamilias* del hogar doméstico... Por tanto, la familia antigua era, por definición, una comunidad religiosa».

[4] H. C. Brichto, «Kin, Cult, Land and Afterlife: A Biblical Complex», *Hebrew Union College Annual* 44 (1979) 1-54: «Hay pruebas abundantes de que el papel de sacerdote en la familia israelita fue cumplido en la antigüedad por el primogénito» (p. 46). Cf. G. N. Knoppers, «The Preferential Status of the Eldest Son Revoked?» en S. L. McKenzie y T. Romer (eds.), *Rethinking the Foundations*, Walter de Gruyter, Berlin 2000, pp. 115-126; B. J. Beitzel, «The Right of the Firstborn in the Old Testament», en W. C. Kaiser y R. F. Youngblood (eds.), *Essays on the Old Testament*, Moody, Chicago 1986, pp. 179-195; I. Mendel-

al Señor Dios como «el Dios de Abrahán, de Isaac y de Jacob, el Dios de nuestros padres» (*Hch* 3, 13, cf. también *Mt* 22, 32; *Mc* 12, 26, *Lc* 20, 37). Esto era así no sólo para los israelitas, sino también para la mayoría de los pueblos de la tierra, en todo Oriente Medio, en la antigua Grecia y Roma, en la India, Japón, China y en toda África.

En las civilizaciones antiguas, la religión era un amplio fenómeno local, una cuestión familiar. Más que los lazos de sangre, era este culto común el que unía a una familia a través de muchas generaciones y de muchos grados de parentesco. Entrar en una familia por matrimonio suponía aceptar los deberes religiosos de esa familia. Vivir fuera de la familia, alejarse de las tierras de los antepasados, negarse a vivir bajo las normas familiares, significaba cortar de raíz con el culto familiar, y por tanto con la vida familiar.

3. ADOPTAR HERENCIAS

Pero la puerta no se abría sólo hacia fuera. Una familia podía aceptar, y aceptaba de hecho, a forasteros como miembros de pleno derecho, pero sólo después de que se hubieran convertido en miembros. Y la forma ritual y legal de dar la bienvenida al nuevo miembro era mediante un «pacto». El pacto era la

---

sohn, «On the Preferential Status of the Eldest Son», *Bulletin of the American Society of Oriental Research* 156 (1959) 38-40. Para una perspectiva similar en las fuentes patrísticas y medievales, Cf. San Jerónimo, *MPL* 23, 980, y Santo Tomás de Aquino, *Summa Theologiae* II-II, q. 87, art. 1.

forma que tenían las familias de extender las obligaciones y privilegios de parentesco a otras personas o grupos[5]. Cuando una familia recibía nuevos miembros, por medio del matrimonio u otro tipo de alianzas, ambas partes, los nuevos miembros y la tribu establecida, sellaban el pacto que les vinculaba con un juramento solemne, con una comida en común y ofreciendo un sacrificio.

Algunas alianzas llegaban incluso a unir dos amplias familias tribales para darse apoyo y protección mutua. Pero una alianza era más que un mero tratado, y las partes contratantes eran más que aliados. Por la fuerza del pacto quedaban unidos como una familia. El estudioso de la Biblia Dennis McCarthy, S. J., escribió que «la alianza entre Israel y Yahvé constituyó a Israel en familia de Yahvé, en un sentido muy real... como resultado... la alianza se consideraba como un tipo de relación familiar»[6].

---

[5] Cf. F. M. Cross, «Kinship and Covenant in Ancient Israel», en *From Epic to Canon*, Johns Hopkins University Press, Baltimore 1998, pp. 3-21: «El lenguaje de la alianza, parentesco legal, es tomado del lenguaje del parentesco, parentesco carnal» (p. 11). Habría que hacer notar que las alianzas podían darse también entre los que ya estaban relacionados por parentesco (por ejemplo, David y Jonathan en 1 *Sam* 20, 12-17; los ancianos de Israel y David en 2 *Sam* 5, 1-3). Las alianzas, por tanto, no servían solamente para iniciar y extender las relaciones y obligaciones familiares, sino para renovar o fortalecer los lazos de parentesco natural; cf. G. P. Hugenberger, *Marriage as a Covenant*, Brill, Leiden 1994, pp. 177-215. También cf. C. Baker, *Covenant and Liberation*, Peter Lang, New York 1991, p. 38: «Podemos tomar como descripción de trabajo de la alianza... un compromiso solemne y externamente manifestado que fortalece el parentesco y el interés familiar entre ambas partes».

[6] D. J. McCarthy, S. J., «Israel My Firstborn Son», *Way* 5 (1965) 186; cf. Id., *Treaty and Covenant*, 2.ª ed, Pontificio Instituto Bíblico, Roma 1981; P. Kalluveetitil, *Declaration and Covenant*, Pontificio Ins-

4. Hogares modelo

Los sociólogos han desarrollado muchos modelos para entender esta organización familiar. El que me ha parecido más útil es el de Carle C. Zimmerman, de la Universidad de Harvard, que se refería a las familias antiguas como «familias depositarias».

En su monumental obra *Family and Civilization*, explicaba Zimmerman: «la familia depositaria se llama así porque se considera a sí misma, más o menos, como inmortal: existe de forma perpetua y no se extingue jamás. Por consiguiente, los miembros que viven no son la familia en sí, sino simplemente "depositarios" de su sangre, derechos, propiedades, nombre y posición, mientras viven»[7].

La familia depositaria enfoca la familia principalmente en términos religiosos. No es sólo la familia nuclear, ni siquiera la extensa, sino todos los miembros de la familia del pasado y del futuro, así como los de la generación presente. Un lazo sagrado une a los miembros de la presente generación con los antepasados que les dieron la vida; el mismo lazo los une con sus futuros descendientes, que perpetuarán el nombre de la familia, su honor y sus ritos.

---

tituto Bíblico, Roma 1982, p. 212; Cross, «Kinship and Covenant», pp. 12-13: «La liga era también una organización de parentesco, un pacto de familias y tribus... Idealmente, la liga estaba concebida como doce tribus, relacionadas por alianza y por parentesco... Israel es la parentela (*'am*) de Yahvé... Esta fórmula debe ser entendida como un lenguaje legal, el lenguaje de parentesco de afinidad, o en otras palabras, el lenguaje de la alianza».

[7] C. C. Zimmerman, *Family and Civilization*, Harper & Brothers, New York 1947, pp. 128-29.

Esto se parece poco a lo que la mayoría de la gente de hoy se refiere al hablar de familia. Las familias modernas tienden a caer bajo lo que Zimmerman clasificaría como «familia doméstica» o «familia atomista». La familia *doméstica* describe un hogar basado en el vínculo matrimonial: marido, mujer e hijos. En esta estructura los miembros de la familia hacen hincapié en los derechos individuales junto con los deberes familiares. En las familias *atomistas*, sin embargo, los derechos individuales están muy por encima de los vínculos familiares, y la familia en sí misma existe para el placer del individuo.

Hay muchas diferencias destacables entre estas etapas históricas[8]. En las sociedades de familia depo-

---

[8] Cf. Zimmerman, *Family and Civilization*, pp. 120-210. Zimmerman introduce su «nueva clasificación» en relación con las siguientes preguntas: «Del poder total de la sociedad, ¿cuánto pertenece a la familia? De la cantidad total de control de las actuaciones en la sociedad, ¿cuánto se le deja a la familia? ¿Qué papel juega la familia en los asuntos totales de la sociedad? Estos son los problemas reales. Si queremos casarnos o romper una familia, ¿a quién consultamos: a la familia, a la Iglesia o al Estado?» (p. 125). Describe Zimmerman la naturaleza esencialmente religiosa de la familia depositaria: «Entre los primeros romanos, las concepciones religiosas eran hogareñas y familiares. La gente estaba unida entre sí por sentimientos sagrados» (p. 146). «Había restricciones sociales: las convicciones religiosas de la familia y la gente y el consejo familiar... La misma domesticación de la religión era predominante entre los antiguos griegos. De hecho, esto parece cierto en todos los grupos antiguos civilizados... es la tesis de los himnos védicos y otros antiguos documentos hindúes. El confucionismo está fundado sobre el desarrollo de la religión doméstica de los antiguos chinos... Esto era también verdad para los primitivos romanos... Sin embargo, la raza no parece ser el factor, puesto que todos los grandes pueblos civilizados tienen su correspondiente religión. Esta domesticación de la religión fue el hecho que origina la concepción ordinaria del marido como dueño de la esposa y los hijos, con poder de adquirirlos y venderlos,

sitaria, la familia se ve como una realidad mística; en las sociedades de familia doméstica, se trata de una tradición moral; cuando predomina la familia atomista, el hogar se ve como una especie de capullo de la crisálida, algo en lo que uno nace para escapar de él. En las sociedades depositarias, el matrimonio es un acuerdo sagrado; en las domésticas, es un contrato; en el hogar atomista, es un modo práctico de compañía. En la familia depositaria, los hijos son bendiciones di-

---

concepción totalmente errónea. La religión crea una unidad, algo que no tiene valor de mercado. Marido y mujer (como padres e hijos) estaban unidos por lazos mil veces más significativos que el precio de mercado» (pp. 147-148). Zimmerman ilustra esto trazando la evolución del matrimonio desde el depositario (como sacramento), pasando por el doméstico... hasta el atomista (como mera «cópula carnal por placer») (pp. 148-153). «Por tanto, en el periodo depositario, el adulterio, junto con uno u otros dos crímenes, es el acto infamante contra la sociedad entera (el grupo de parentesco que conecta la persona con la vida)» (p. 153). Esto recuerda las antiguas leyes israelitas contra el adulterio (*Ex* 20,14), para el cual se prescribía la pena capital (*Lv* 20,10; *Dt* 22, 22).

Además de Zimmerman, me he aprovechado enormemente de otros estudios más recientes sobre la familia, como J. D. Schloen, *The House of the Father as Fact and Symbol: Patrimonialism in Ugarit and the Ancient Near East*, Harvard University Press, Cambridge, Mass. 2001; P. Riley, *Civilizing Sex: On Chastity and the Common Good*, T&T Clark, Edimburgh 2000; C.R. Jones, *Kinship Diplomacy in the Ancient World*, Harvard University Press, Cambridge, Mass. 1999; A. Burguiere et al. (eds.), *A History of Family*, 2 vols, Harvard University Press, Cambridge, Mass., 1996; B. Gottlieb, *The Family in the Western World*, Oxford University Press, New York 1993; A. D. Smith, *The Ethnic Origins of Nations*, Basil Blackwell, New York 1986; P. Abbott, *The Family on Trial: Special Relationships in Modern Political Thought*, Pennsylvania State University Press, University Park, Pa. 1981; J.-L. Flandrin, *Families in Former Times*, Cambridge University Press, New York 1979; A. Moret y G. Davy, *From Tribe to Empire: Social Organization Among Primitives and in the Ancient East*, Routledge & Kegan Paul, London; Cooper Square, New York 1970; W. J. Goode, *World Revolution and Family Patterns*, Free Press, New York 1963.

vinas; en la doméstica, agentes económicos indispensables; en la familia atomista, sin embargo, se convierten en una carga económica, un «gasto» y un obstáculo para la realización personal. En la familia depositaria, el padre es el patriarca, un rey-sacerdote que debe servir a sus antepasados tanto como a su descendencia; en la doméstica, es el autoritario director jefe de la unidad económica fundamental de la sociedad; en la familia atomista, es una patética figura que hay que dejar atrás para poder crecer como individuo. Y cada tipo de familia ve la inmoralidad sexual de forma diferente. Para la familia depositaria, es un acto criminal; para la doméstica se trata de un pecado individual; para la familia atomista es un asunto privado, una elección, un estilo de vida alternativo.

Zimmerman señala que sólo las sociedades basadas en la familia depositaria han sido capaces de alcanzar el nivel de civilizaciones. Pero ninguna de esas sociedades fueron capaces de mantener para siempre el orden depositario. En algún momento de la historia de las civilizaciones, la gente empieza a vivir según el modelo de familia doméstica. El período de predominio de la familia doméstica, sin embargo, es por lo general de corta duración, una fase de transición hasta que la familia atomista ocupa su lugar. Cuando la familia atomista llega a ser el modelo dominante de la sociedad, entonces las obligaciones familiares se ven habitualmente como impedimentos para el desarrollo personal. La familia atomista, caracterizada por la generalización del divorcio, la actividad sexual desenfrenada y el descenso de la población, indica normalmente que una civilización está en su declive final.

5. PLANIFICACIÓN FAMILIAR NACIONAL

Todo esto puede ayudarnos a entender lo que la gente del antiguo Israel —y Jesucristo, y los primeros cristianos— quería decir cuando hablaba de los temas más cercanos a sus intereses y a los nuestros. Debemos tener cuidado, después de todo, para no proyectar nuestras ideas modernas sobre las palabras de los autores bíblicos. Familia, sociedad y religión eran, en gran medida, intercambiables para los israelitas. ¡Empresa familiar era sinónimo de culto religioso, y la «unidad familiar» era la sociedad misma!

Por tanto, si te contabas entre los hijos e hijas de Israel, contabas tus «hermanos y hermanas» por decenas de miles, cientos de miles o incluso millones.

Se trata ciertamente de una interpretación amplia de la observación de Dios: «no es bueno que el hombre esté solo». Pero podemos ver la lógica de la familia depositaria también en el primer mandamiento que dio a la primera familia: «Creced y multiplicaos, y poblad la tierra».

No es suficiente con que el hombre sea creado «bueno». Ni parece que sea suficiente para él con «tener una ayuda adecuada a él». Un romance, por grande que pueda ser, da la impresión de que es insuficiente para satisfacer a esas criaturas, para que cumplan sus obligaciones ante Dios o para que completen la imagen de Dios en la tierra. Un romance basta, de forma limitada, para sacar al hombre de sí mismo. Los hijos bastan para llevar a una pareja de enamorados más allá de su románticas miradas.

Pero parece que Dios nos hizo para vivir en una familia más amplia, para experimentar un amor mucho más grande... un amor que se extiende hasta el infinito.

III. LA PRIMERA
REVOLUCIÓN CRISTIANA[1]

Sólo con una clara comprensión del «lenguaje familiar» de Jesús podemos entender su mensaje salvador. Porque, en los Evangelios, éste es el lenguaje que usa para describir su misión, sus mandamientos, sus relaciones con Dios y con los demás, su legado y su Iglesia.

La terminología de familia —palabras como *padre, hijo, hermano, hermana, madre, hijos, hogar, primogénito, herencia, matrimonio* y *nacimiento*— predomina en el habla de Jesús. Es más, resulta pre-

---

[1] Cf. J. Hellerman, «The Church as Family: Early Christian Communities as Surrogate Kin Groups», University of California, Los Angeles, tesis de Ph. D.; University Microfilms, Ann Arbor, Mich. 1998, p. 6; Idem, *The Ancient Church as Family*, Fortress Press, Minneapolis 2001. Sobre la continua presencia en el Nuevo Testamento de términos e imágenes familiares, cf. K.O. Sandness, *A New Family: Conversion and Ecclesiology in the Early Church with Cross-Cultural Comparisons*, Peter Lang, New York 1994, pp. 64-82 y R. Banks, *Paul's Idea of Community: The Early House Churches in Their Historical Setting*, Eerdmans, Grand Rapids, Mich. 1980, p. 53: «Tan numerosos son estos [términos familiares], y aparecen con tanta frecuencia, que la comparación de la comunidad cristiana con una "familia" debe ser considerada como la metáfora más importante de todas».

dominante en los escritos de sus primeros seguidores: San Pedro, San Pablo, San Juan y otros autores de las sagradas Escrituras. No es que Jesús y los primeros cristianos no tuvieran otro vocabulario religioso a su disposición. Tanto Jesús como San Pablo, por ejemplo, hicieron con toda libertad metáforas de carácter religioso con términos sacados de otros ámbitos de la sociedad: agricultura, deportes, derecho, ejército e incluso juegos de niños.

Sin embargo, el lenguaje al que volvían, sobre todo cuando se referían a ideas centrales del cristianismo, era mayoritariamente el lenguaje de familia.

1. MÁS QUE SIMPLES AMIGOS

Donde llama más la atención es en las descripciones que hace Jesús de su relación con Dios, a quien se atrevía a llamar «Padre». Para Jesús, Dios no es «padre» en sentido metafórico. Tampoco es «padre» simplemente por el hecho de la creación. Por el contrario, la filiación de Jesús es algo real, único y personal (cf. CCE n. 240). Dios, para Jesucristo, es «Abba», que significa «padre» o «papá» (cf. *Mc* 14, 36)[2].

---

[2] Juan Pablo II se hace eco de esto repetidamente en su catequesis, especialmente en las audiencias de los miércoles (p. ej., 3 de marzo de 1999; 10 de marzo de 1999; 5 de enero de 2000). Sobre el reconocimiento formal que la Iglesia hace en Nicea de la filiación divina de Cristo como realidad metafísica («la misma substancia») y no metafórica («una substancia similar»), cf. J. Ratzinger, *Behold the Pierced One: An Approach to a Spiritual Christology*, Ignatius Press, San Francisco 1986, pp. 32-37.

En el siglo veintiuno, esta idea puede que no nos parezca revolucionaria y ni siquiera original. Hoy en día la «paternidad de Dios» es algo abiertamente profesado, no sólo por los cristianos, sino también por los masones, unitarios y deístas. Se ha convertido en parte de nuestro trasfondo cultural, una metáfora «segura» para que la usen los políticos en reuniones interreligiosas. La idea alcanzó probablemente las simas de la banalidad durante mi adolescencia, cuando el grupo de música Bumblegum los *Archies* cantaba: «Ahora somos una gran familia, y nuestro papá está en el cielo».

Pero la idea no ha sido siempre tan común. De hecho, los antiguos se referían a la paternidad de Dios con suma cautela. En Israel, las Doce Tribus se veían colectivamente como la «familia de Dios», pero con un sentido poco más que metafórico, porque Dios les creó, guió, protegió y cuidó de ellos..., como un padre procrea, guía, protege y cuida de su familia. Entonces Dios hacía como de padre del pueblo de Israel (cf. *Dt* 32, 6; *Jer* 31, 9). De forma individual, sin embargo, los israelitas tendían a referirse a sí mismos no como hijos de Dios, sino como «siervos» o «esclavos» (cf., por ejemplo, *1 Sam* 3, 9 y *Sal* 116, 16). Incluso al más grande de los patriarcas, Abrahán, se le podía llamar «amigo» de Dios (*Is* 41, 8), pero no hijo suyo.

Esto no se parece nada a la piedad popular de la actual Norteamérica. Por consiguiente, nos resulta difícil imaginar la reacción de los contemporáneos de Jesús cuando dijo que Él era el Hijo de Dios. Eso, según ellos, era una de dos: locura o blasfemia. De hecho, esa escandalosa pretensión fue precisamente el motivo por el que fue arrestado, procesado y ejecutado. «Por esto sobre todo buscaban los judíos el modo de matarle, porque Él... llamaba a Dios Padre suyo» (*Jn* 5, 18).

2. EL HIJO TAMBIÉN ASCIENDE

Lo que proponía Jesús era una revolución en el pensamiento religioso, que se operó en dos niveles simultáneamente. Primero: había un hombre, creado por Dios, que reclamaba una relación familiar íntima con el creador, una relación sin precedentes. «Yo y el Padre somos uno» (*Jn* 10, 30). «El que me ve a mí ve al Padre» (*Jn* 14, 9). «Yo estoy en el Padre y el Padre está en mí» (*Jn* 14, 10). Los discípulos de Jesús creyeron en su pretensión, y esta creencia fue la esencia de su fe: «Tú eres el Cristo», le dijo Simón Pedro a Jesús, «el Hijo del Dios vivo» (*Mt* 16, 16).

Ahora bien, esto representaba ya una tremenda ·pretensión, pero implicaba aún más. Si Jesús era el Hijo de Dios y era «uno» con Dios, era también, en cierto sentido, «igual que Dios» (de nuevo *Jn* 5, 18), pues el hijo es el heredero del padre. Pero, si Dios es uno, como Israel y Jesús mantenían, ¿cómo podía tener Dios un igual?, ¿no le convertiría eso en... *dos*?

Alguien igual a Dios, al fin y al cabo, sólo podría ser *Dios*, igual de poderoso, igual de eterno, igual de sabio. Por tanto, la afirmación de Jesús de ser hijo, implica una pretensión, mayor, de divinidad. Lo cual nos lleva a su segunda enseñanza, que es más profundamente revolucionaria.

Si Jesús es igual que Dios, entonces Él es Dios; y si Dios sigue siendo uno, entonces Dios es también de alguna manera una pluralidad. Es Padre e Hijo y, como Jesús revelaría posteriormente, Dios es Espíritu Santo. Dios es una Trinidad de personas, en una unidad.

Estas dos revoluciones del pensamiento religioso, que un hombre puede ser hijo de Dios y que Dios es una Trinidad, constituyen la doctrina central del cristianismo. Jesús reveló ambas enseñanzas exclusivamente en el lenguaje de la familia, y la teología de Jesús es inconcebible en otros términos que no sean los familiares. Sin el lenguaje acerca de la familia, no habría revolución, no habría cristianismo.

3. TODO EN LA FAMILIA

La afirmación que hizo Jesús de su filiación divina escandalizó al estamento religioso de su país. El clero la consideró como una prueba clara para procesarle y ejecutarle por blasfemia. Con todo, su mensaje no acababa ahí. Su misión reveló la verdad no sólo acerca de su propia naturaleza y la de su Padre, sino también sobre la humanidad. Esta verdad tomó forma, también, en lenguaje familiar.

Jesús habló de su propia filiación en términos únicos. Él solo era el Hijo eterno de Dios. Además animó a todos a considerar a Dios como un Padre. «Reza a tu Padre que está en lo escondido; y tu Padre que ve en lo escondido te escuchará» (*Mt* 6, 6). Date cuenta de que no habla de la oración colectiva de Israel, sino de oración privada. Dios era Padre, entonces, de cada persona.

Fíjate también en las palabras que Jesús puso como ejemplo de oración para todos sus discípulos: «Vosotros, pues, orad así: Padre nuestro, que estás en el cielo, santificado sea tu nombre» (*Mt* 6, 9). La paternidad de Dios se extendía a todos y cada uno; este tema es recurrente en todo el Sermón de la Montaña (*Mt* 5-7), que podemos llamar justamente resumen de las enseñanzas de Jesús. El Sermón de la Montaña está lleno de expresiones padre-hijo, y casi todo se refiere a la relación de Dios con cada uno de los que componían la muchedumbre de oyentes de Jesús.

Esta multitud compartía de algún modo (más tarde examinaremos en qué grado de cercanía) la filiación de Jesús; también ellos podían llamar a Dios «Padre». Nos resulta difícil imaginar lo chocante que fue para la sensibilidad religiosa de los tiempos de Jesús, y el entusiasmo que podía transmitir a su primera audiencia. El apóstol Juan, muchas décadas después de su propio bautismo, evocaba con asombro el hecho de ser hijo de Dios. «Mirad qué amor nos ha tenido el Padre para llamarnos hijos de Dios, y que lo seamos» (*1 Jn* 3, 1).

Como hijos de Dios, los cristianos podían ver también a Jesús como su hermano, fuesen o no descendientes de la misma tribu —de la misma familia depositaria—, más aún, fuesen o no descendientes de Abrahán, Isaac e Israel.

4. TERCERA REVOLUCIÓN

Si la Trinidad marcó una revolución en el pensamiento religioso, esta doctrina dio paso también a una revolución social. Recuerda que la familia depositaria era el fundamento de la sociedad israelita. Jesús mismo pertenecía a una familia depositaria: la nación de Israel, la tribu de Judá (cf. *Mt* 1, 1-17). Su familia extensa vivía unida, y unida hacía sus peregrinaciones anuales a Jerusalén. Esta amplia familia era tan numerosa y estaba tan unida, que Jesús, con doce años, podía desaparecer todo un día sin que sus padres se preocuparan por Él (cf. *Lc* 2, 41-45); María y José suponían que el niño estaba seguro en algún lugar de la gran caravana de la familia, «entre sus parientes y conocidos». Todos esos parientes podían decir, por derecho y por costumbre, que eran «hermanos y hermanas» de Jesús. El idioma que hablaba Jesús no hacía distinción entre hermanos y primos; todos eran igualmente hermanos y hermanas. Y ese vínculo familiar era étnico, local y exclusivo. La primera obligación de uno era para el clan, la familia depositaria.

Pero la idea de fraternidad que tenía Jesús, basada en la paternidad de Dios, parecía subvertir esta concepción tribal, subordinando la familia natural a una nueva familia, *sobrenatural*, establecida por su nueva Alianza. Fíjate en esta escena: «Llegan su madre y sus hermanos y, quedándose fuera, lo mandan llamar. La gente estaba sentada a su alrededor, y le dicen: "mira, ahí fuera te buscan tu madre, tus hermanos y hermanas". Él les responde: "¿Quién es mi madre y mis hermanos?". Y mirando a los que estaban sentados a su alrededor, dijo: "He aquí mi madre y mis hermanos. Pues quien haga la voluntad de Dios, ése es mi hermano, mi hermana y mi madre"» (*Mc* 3, 31-35).

En esa multitud había muchos que no eran de la tribu de Jesús; pero Jesús les miró claramente como si fueran sus parientes más cercanos, tan cercanos que disfrutaban del mismo estatus que su familia de sangre, incluida su madre.

Esta nueva concepción tuvo que parecer subversiva[3]. Jesús se daba cuenta, e incluso indicó que las viejas familias tribales no podían acomodarse al nuevo orden que Él había venido a revelar. Para vivir como hijo de Dios, habría que distanciarse primero de la estrechez de miras y del aislamiento tribal. «Si alguno viene a mí y no odia a su padre y a su madre, a su mujer y a sus hijos, a los hermanos y a las hermanas, y hasta su propia vida, no puede ser mi discípulo» (*Lc* 14, 26).

Convirtiéndose en discípulo, haciendo la voluntad de Dios, el cristiano obtenía una familia más grande. Dijo Jesús: «Os lo aseguro: nadie que deje casa, hermanos o hermanas, madre o padre, hijos o tierras por mí y por el Evangelio, dejará de recibir el ciento por uno ya en esta vida, en casas, hermanos, hermanas, madres, hijos y tierras» (*Mc* 10, 29-30). *Hermanos, hermanas, madres, hijos, casas* y *tierras*: todo esto

---

[3] Los efectos «subversivos» de la subordinación que hace Jesús del parentesco humano natural a los lazos divinos sobrenaturales del Espíritu son tratados por S. Oporto, «Kingdom and Family in Conflict», en J. J. Pilch, (ed.), *Social Scientific Models for Interpreting the Bible*, Brill, Leiden 2001, pp. 210-238; H. Moxnes, (ed.), *Constructing Early Christian Families: Family as Social Reality and Metaphor*, Routeledge, New York 1997; D. Jacobs-Malina, *Beyond Patriarchy: The Images of Family in Jesus*, Paulist Press, New York 1993. Esta subordinación fue reinterpretada por antiguos Padres de la Iglesia en términos eclesiales, sacramentales y ascéticos; cf. E. A. Clark, *Reading Renunciation: Asceticism and Scripture in Early Christianity*, Princeton University Press, Princeton, N. J. 1999, especialmente pp. 177-203.

junto, definía los límites de la familia depositaria, la tribu.

Sí, Jesús quería que sus oyentes fueran más allá de aquel orden social; pero les estaba llamando a algo claramente análogo a la sociedad tribal. Para describir la recompensa de los discípulos, usaba el vocabulario tradicional de familia; describía los rasgos mismos de la familia depositaria.

5. Más allá de la etnicidad

Según Jesús, Dios no era sólo el «Dios de nuestros padres». Era el Padre universal, y la familia de Dios trascendía todas las divisiones nacionales, tribales y familiares. El sociólogo Rodney Stark ha puesto de relieve la deslumbrante novedad de este logro cristiano: «una religión libre de elementos étnicos»[4].

Más aún, era una religión sin distinciones de clase. Lee uno de los libros más olvidados de la Biblia, la Carta de san Pablo a Filemón. En poco más de una página, el apóstol muestra cómo el vínculo de los cristianos en Cristo ha reconfigurado radicalmente sus relaciones sociales. Pablo escribe para reconciliar a Onésimo, un esclavo fugitivo, con su dueño, Filemón. Pablo apremia a Filemón para que acepte de nuevo a Onésimo, «no ya como esclavo, sino antes que esclavo como hermano querido, que lo es

---

[4] R. Stark, *El auge del cristianismo*, Andrés Bello, Barcelona 2001, p. 59. Cf. también J. G. van der Watt, *Family of the King*, Brill, Leiden 2000; G. Nathan, *The Familiy in Late Antiquity: The Rise of Christianity and the Endurance of Tradition*, Routledge, New York 2000.

mucho para mí, pero más para ti, no sólo según la carne, sino también en el Señor» (*Film* 16). En otra parte, desarrolla Pablo la nueva igualdad de todos los que forman la familia de Dios: «Pues en Cristo Jesús todos sois hijos de Dios por la fe... No hay judío ni griego, no hay esclavo ni libre, no hay hombre ni mujer, ya que todos vosotros sois uno en Cristo Jesús» (*Gal* 3, 26. 28).

Una vez más estamos ante una idea que, con los siglos, se ha convertido en moneda común. Como sucede con la paternidad de Dios, hoy en día la fraternidad humana universal está en boca de todos, pero la mayoría de la gente la entiende de forma sentimental, sin asomo de lo sobrenatural. Paternidad divina y fraternidad humana: afirmar la una parece que requiere la otra. Al margen de cualquier contexto religioso explícito, en el mundo actual, la familia humana sigue siendo un artículo de fe laica. Organizaciones como las Naciones Unidas operan sobre el supuesto de que todos los ciudadanos de todas las naciones forman parte de una misma humanidad, con derechos y obligaciones comunes.

Sin embargo, esta idea se la debe el mundo moderno al patrimonio de la cristiandad. Para las sociedades tribales, la noción de universalidad, especialmente en asuntos religiosos, no tenía sentido. «El pueblo» y «el pueblo de Dios» eran términos sinónimos de «*mi* pueblo».

En este ambiente, llegó el cristianismo y ofreció, según Rodney Stark, «una nueva idea»[5]. «Entre los

---

[5] «A Double Take on Early Christianity: An Interview with Rodney Stark», *Touchstone* (enero-febrero 2000) p. 44.

paganos, te das cuenta de que ninguno se preocupó de nadie excepto de los de la propia tribu... cuidas de tus hermanos y matas a todos los demás. El cristianismo enseñó al mundo greco-romano que la definición de "hermano" tenía que ser mucho más amplia. Hay ciertas cosas que debes a cualquier ser humano».

Qué notable giro en los acontecimientos. En el Génesis, vimos que no era bueno que el hombre estuviera solo, que Dios nos hizo para juntarnos en familias. Pero luego, en el Evangelio, aprendemos que Dios mismo se hizo hombre para separar a hombres y mujeres de sus familias de origen, sus tribus, y acercarlas a... ¿qué?

Como Jesús usó el lenguaje de la familia para describir este nuevo orden, sólo podemos referirnos a él como una familia. En efecto, describió nuestra iniciación como un «volver a nacer» (*Jn* 3, 3). Habló de nuestro vínculo con Dios como una «nueva alianza» (*Lc* 22, 20). Se refirió a nuestro destino definitivo como una «cena de bodas» (*Ap* 19, 9). Nacimiento, alianza y matrimonio tienen una cosa en común: hacen que una persona se incorpore a una familia natural.

Pero aparentemente ninguna familia natural puede satisfacer los más profundos deseos del hombre, ni siquiera la superextensa familia depositaria. El problema de las tribus antiguas no es que fueran demasiado grandes e inmanejables, sino que eran demasiado pequeñas.

Dios nos dio la vida en una familia natural para conducirnos a una vida más grande, a una familia más amplia, sobrenatural: una familia tan grande como Dios.

IV. EL DIOS QUE ES FAMILIA

¿Dónde podemos encontrar una familia que satisfaga nuestras necesidades? ¿Cómo podemos encontrar el amor para el que fuimos hechos? Dios insinuó la respuesta en el relato de nuestra creación, y reveló el camino a casa en el Evangelio de Jesucristo.

Volvamos, pues, al principio, al libro del Génesis, para buscar esta vez los primeros indicios de nuestra identidad familiar.

Durante cinco días y medio, Dios hizo existir la creación con la palabra «hágase», seguida del nombre de lo que se iba a crear: luz, firmamento, las aguas, estrellas, peces, los pájaros y las bestias. Sin embargo, a mitad del sexto día cambió de pronto su modo de hablar. «Entonces Dios dijo, "hagamos al hombre a nuestra imagen y semejanza, para que dominen sobre toda la creación"» (*Gn* 1, 26).

Fíjate atentamente en esas palabras y te darás cuenta de que hay un cambio significativo en el lenguaje de Dios. Para la creación del resto del mundo, sencillamente había ordenado su «*fiat*, hágase». Pero cuando llegó la hora de crear al hombre, Dios, que es indivisiblemente uno, comenzó refiriéndose a sí mismo en primera persona del plural: «*Hagamos* al hombre a *nuestra* imagen y semejanza». ¿Qué quería decir con esto?

No sólo eso, sino que además dejó claro que «hombre», también, es una pluralidad. «Hagamos al *hombre* a nuestra imagen y semejanza; y que *tengan* el dominio». En el siguiente versículo, el autor del Génesis desarrolla: «Y Dios creó al hombre a imagen suya, a imagen de Dios *lo* creó; hombre y mujer *los* creó» (1, 27).

En los primeros cinco días y medio que describe el Génesis, Dios creó un mundo que le glorificara y llevara su huella. Porque todo lo que hay en la naturaleza dice algo de Dios, de la misma manera que una obra de arte revela algo sobre el artista. Pero el sexto día, Dios formó la primera criatura que llevaría la imagen y semejanza misma del Dios invisible. Más aún, creó esa criatura para que fuese una unidad sólo en la pluralidad..., y Dios habló de sí mismo en plural cuando expresó ese mandato.

1. Dios es uno, pero no es solitario

Este lenguaje peculiar, *nosotros y nuestro*, aparece en otras partes del Antiguo Testamento: *Gn* 3, 22 y 11, 7, por ejemplo. Algunos expertos no dan importancia a este uso, considerándolo como residuo de un culto politeísta primitivo y pre-israelita. Otros dicen que es simplemente una acomodación que hace el autor del «plural mayestático»: la primera persona del plural que usan reyes y reinas cuando hablan en nombre de ellos y sus súbditos, o de ellos mismos y Dios.

No encuentro satisfactoria ninguna de estas explicaciones. El Génesis se presenta como una obra cuidadosamente elaborada desde el punto de vista literario y teológico. Parece poco probable que un autor de tanto talento pudiera pasar por alto varios casos tan descarados de paganismo residual. Además, aunque el Génesis pasó por muchas ediciones manuscritas y adaptaciones a lo largo de los años, ninguno de los antiguos editores decidió corregir esos pronombres plurales.

La hipótesis del «plural mayestático», aunque sostenible en un determinado nivel, apunta a una verdad más profunda: lo que Juan Pablo II llamó el «nosotros divino». Porque Dios aquí no podía estar hablando en nombre de nadie más. «Hagamos al hombre a nuestra imagen y semejanza». Ese «nosotros» sólo puede significar Dios, y tiene que significar a Dios solo.

Pero ¿podemos describir a Dios exactamente como «solitario»? La respuesta a esta pregunta está escondida en los pronombres plurales del libro del Génesis, pero se revela plenamente en el Evangelio de Jesucristo. Sólo en el Evangelio podemos ver con claridad por qué la criatura humana debe ser una familia para que pueda ser cabalmente imagen de Dios. Jesús se refiere a su Padre como a una persona distinta, alguien a quien Jesús reza, alguien a quien Jesús se dirige. Sin embargo, Jesús y el Padre son también una unidad. Jesús habla también de otra Persona divina, el Consolador (*Jn* 15, 26), el Espíritu Santo (*Jn* 20, 22), que vendrá a los discípulos después de que Jesús ascienda al cielo.

Al final del Evangelio de Mateo, cuando Jesús se prepara para subir al cielo, revela el nombre de Dios a sus discípulos. Esta iba a ser otra inesperada revelación. Hasta ese momento, los israelitas consideraban el nombre de Dios, su más intrínseca identidad, como algo inefable, impronunciable. Pero Jesús lo dice como algo íntimo, un nombre de familia: «el nombre del Padre y del Hijo y del Espíritu Santo» (*Mt* 28, 19).

Nadie pensó en corregir a nuestro Señor, señalando que parecía que en su frase había *tres* nombres, aunque había usado la palabra singular «nombre». En este caso, como en aquel primer capítulo del Génesis, parece haber una paradoja: pluralidad y a la vez unidad. El *Catecismo de la Iglesia Católica* lo expone claramente, cuando explica que decimos el «nombre» y no los «nombres», porque «no hay más que un solo Dios, el Padre todopoderoso y su Hijo único y el Espíritu Santo: la Santísima Trinidad» (n. 233). CatCat

Por tanto, Dios es tres; pero Dios es uno. Éste es el misterio de la Trinidad, «el misterio central de la fe y de la vida cristiana... el misterio de Dios en sí mismo... la fuente de todos los otros misterios de la fe; es la luz que los ilumina» (CCE, n. 234).

No era bueno que el hombre estuviera solo, porque él solo no podría completar su misión en la creación. Dios no es un ser solitario, así que tampoco el hombre podría ser solitario. Solo, no podría llevar la imagen y semejanza de Dios.

2. LAS PROPIEDADES DE LA FAMILIA DE DIOS[1]

Una vez más, cuando Dios reveló su nombre, se reveló a sí mismo completamente..., y se reveló

---

[1] Parte de este material está adaptado de S. Hahn, «The Mistery of the Family of God» en S. Hahn y L. Suprenant (eds.), *Catholic for a Reason*, Emmaus Road, Steubenville, Ohio 1998, pp. 5-9.

como familia: como Padre, Hijo y Espíritu Santo. De esta impresionante revelación, escribió Juan Pablo II: «a la luz del Nuevo Testamento es posible descubrir que el modelo originario de la familia hay que buscarlo en Dios mismo, en el misterio trinitario de su vida. El "Nosotros" divino constituye el modelo eterno del "nosotros" humano; ante todo de aquel "nosotros" que está formado por el hombre y la mujer, creados a imagen y semejanza divina»[2].

En otro lugar, el mismo Papa afirmó: «nuestro Dios, en su misterio más íntimo, no es una soledad, sino una familia, puesto que lleva en sí mismo paternidad, filiación y la esencia de la familia, que es el amor»[3]. Luego, identificó este «amor» con la tercera Persona de la Trinidad, el Espíritu Santo.

Llegados a este punto, debemos tener cuidado, porque mucha gente entiende estas afirmaciones precisamente al revés, lo que quiere decir que no las entiende en absoluto. El Papa *no* estaba diciendo que Dios es *como* una familia. No presentaba a la familia como una acogedora y hogareña metáfora de la Trinidad. Dijo que Dios *es* una familia. Por tanto, sería más correcto decir que mi mujer, mis hijos y yo somos como una familia, en vez de decir que Dios es como una familia.

---

[2] Juan Pablo II, *Carta a las familias*, 2-II-1994, n. 6.

[3] Juan Pablo II, Homilía, 28-I 1979, en CELAM, *Puebla*, Edica, Madrid 1979, pp. 46-47. Cf. B. de Margerie, S.J., *The Christian Trinity in History*, St. Bede Publications, Still River, Mass. 1982, p. xix: «la idea rectora, que subyace en nuestro análisis y síntesis de la Trinidad es la siguiente: en el mundo creado, la imagen total, aunque inadecuada y mucho menos exhaustiva, del misterio trinitario es el hombre, como persona y como familia».

Dios no es *como* una familia. *Es* una familia. Desde la eternidad, sólo Dios posee los atributos esenciales de la familia, y sólo la Trinidad los posee en toda su perfección. Los hogares terrenos tienen esos atributos, pero sólo análogamente y de forma imperfecta.

Por supuesto, Padre, Hijo y Espíritu Santo no son términos de «género», sino términos relacionales. El lenguaje de la familia divina es teológico, no biológico. Los términos, más bien, describen las relaciones eternas de las Personas divinas que viven en comunión.

3. LA TRINIDAD PROCEDENTE DEL INFINITO

Esos términos no son arbitrarios. Dios mismo los ha revelado y son la más perfecta expresión de quién es Dios eternamente. La Trinidad es la identidad personal de Dios, la cual no depende de la creación[4]. Otros títulos, como Arquitecto, Pastor o Médico, son metáforas que describen su relación con otros seres en términos creaturales. Dios es «Arquitecto» sólo después de diseñar el universo. Es «Médico» cuando tiene criaturas imperfectas que necesitan curación. Dios es «Pastor» sólo cuando tiene criaturas a las que guiar y proteger. Pero, *antes de la creación, desde toda la*

---

[4] Cf. R. Nicole, «The Wisdom of Marriage», en J. I. Packer y S. K. Soderlund (eds.), *The Way of Wisdom*, Zondervan, Grand Rapids, Mich. 2000, pp. 281-282: «Esta unidad trinitaria es un hecho eterno: Dios es, fue y siempre será el Tres en Uno, y sólo ha habido, o habrá, un único propósito divino que abarca todo».

eternidad, es Padre, Hijo y Espíritu Santo. Éste es su nombre propio. Sólo «Padre, Hijo y Espíritu Santo», el nombre divino, revela la identidad esencial de Dios en términos que no dependen de la creación.

La importancia de este lenguaje se me hizo patente un domingo mientras asistía a Misa en una pequeña parroquia del medio oeste. De pie en frente, cerca del sacerdote, estaba la encargada de formación, que era una religiosa. Empezó a hacer la señal de la cruz mientras decía: «nos reunimos en el nombre del Creador, del Redentor y del Santificador».

Yo sabía que ese modo de hablar estaba de moda, porque era «genéricamente neutro», pero la verdad es que no había oído a nadie que lo usara. De inmediato me sonó raro, con independencia de cualquier consideración desde el punto de vista de las normas litúrgicas o de los usos políticamente correctos. Al principio no estaba seguro de por qué me molestaron esas palabras, pero de repente me vino la luz: ya no estábamos nombrando a Dios en términos de quién *es* Dios, desde la eternidad. Sino que nos estábamos dirigiendo a Él simplemente en términos de lo que había *hecho*, por nosotros, en la historia. Por supuesto, no hay nada malo en reconocer las obras de Dios (creación, redención y santificación); pero el *agradecimiento* es una expresión de culto menor que la *alabanza*, que proferimos precisamente por lo que Dios es. Y por muy antigua que pueda ser la creación, ciertamente no es eterna, como lo es Dios; por tanto Dios no puede ser un Creador eterno (y mucho menos un Redentor o Santificador eterno).

Resumiendo; por emplear una analogía familiar: es bueno que digamos a nuestros seres queridos cuánto apreciamos lo que hacen por nosotros; pero es mucho mejor decirles cuánto les queremos por quienes son como personas. Son dignos de amor no por lo que obtenemos de ellos, sino porque ellos son quienes son. Nadie quiere sentirse usado. Deberíamos, pues, mirar a las personas no como meros medios para nuestro placer y provecho, sino como fines en sí mismos. Con mayor razón cuando nos referimos al Dios que es tres Personas.

4. La Trinidad de la tierra

Ninguna familia del mundo se ha parecido tanto a la Santísima Trinidad como la familia de Jesús mismo. De hecho, es tremendamente significativo que Dios mismo decidiera nacer en una familia humana. Podría haber entrado en la historia de muchas formas; es Todopoderoso. Su concepción, al fin y al cabo, tuvo lugar sin la cooperación física de un padre humano. Nada podría haber evitado que Dios se hiciera hombre sin madre tampoco, si ésa hubiera sido su voluntad.

Pero ésa no era su voluntad; ni era apropiado. En palabras de Juan Pablo II: «El Hijo unigénito... entró en la historia de los hombres a través de la familia». De esta forma, Cristo podría enseñarnos, con el ejemplo, las verdades más profundas sobre la familia, la Iglesia y la Trinidad. Juan Pablo II continúa: «El misterio divino de la Encarnación del Verbo está, pues, en estrecha relación con la familia humana. No sólo con una, la de Nazaret, sino, de alguna manera, con cada familia... En este sentido, tanto el hombre como la familia constituyen "el camino de la Iglesia"»[5].

También tiene sentido que Dios estableciera la casa de María y José como un nuevo Edén. «Mientras la de Adán y Eva había sido fuente del mal que ha inundado el mundo, la de José y María constituye el vértice por medio del cual la santidad se esparce por toda la tierra»[6]. En Nazaret, la familia humana tuvo una segunda oportunidad, un nuevo comienzo.

En su Sagrada Familia, Jesús llevó una vida que era una imagen terrena de la Trinidad eterna. Con cuánto acierto han mostrado los escritores y artistas piadosos a la Sagrada Familia como una «trinidad en la tierra», la cual, en palabras de Juan Pablo II, «refleja de forma admirable la vida de comunión y amor de la Trinidad eterna»[7].

5. UNA UNIÓN MÁS PERFECTA

¿Cómo aplicamos todo esto a nuestra casa? Ése es el tema del resto del libro.

Es mucho lo que sabemos ya: cuando Dios creó la humanidad a su imagen y semejanza, la Trinidad estaba creando la imagen primordial de sí misma. Hombre y mujer los creó. Luego, su primera instrucción fue «creced y multiplicaos». ¿Qué podemos deducir de

---

[5] Juan Pablo II, *Carta a las familias*, 2-II-1994, n. 2.

[6] Juan Pablo II, Exh. *Redemptoris Custos*, 15-VIII-1989, n. 7.

[7] Las espontáneas observaciones de Juan Pablo II a los niños de la parroquia de la Sagrada Familia de Nazaret (9 de febrero de 1992) son citadas por J. F. Chorpenning, O. S. F. S., «John Paul II's Theology of the Mistery of the Holy Family», *Communio* 28 (2001) 140-66 (163).

eso? No los estaba creando para que «criaran» como los animales y se reprodujeran. Hombre y mujer tenían que hacerse «uno», y no el *uno* que ellos quisieran, sino el *uno* que Dios había previsto. Era más que una comunión física y psíquica, aunque éstas estaban también incluidas. El uno en que se iban a convertir era tan real que, nueve meses más tarde, tendrían que ponerle nombre. La Iglesia dice que la familia es una «comunión de personas»[8] unidas por el amor; se trata de la mismísima definición que aplica a la Trinidad.

Por tanto, sigue siendo actual. En la familia nos hacemos tres en uno, reflejando al Dios Uno y Trino. ¡Qué grande! En realidad ningún otro acto natural hace al hombre más parecido a Dios. El amor conyugal es el que mejor traduce este lenguaje divino de forma que los seres humanos puedan aprender a hablarlo honestamente y con fluidez.

El matrimonio, pues, proporciona la imagen más perfecta de nuestro hogar definitivo. Con todo, es sólo una imagen. El matrimonio humano es una analogía viva y encarnada que señala el camino hacia algo más grande[9].

Desde el principio, la Trinidad es la familia para la que estamos hechos, el hogar que hemos deseado. Cómo la alcanzamos y cómo vivimos en ella, es tema de otro capítulo.

---

[8] Juan Pablo II, *Carta a las familias*, 2-II-1994, n. 6.
[9] Cf. P. J. Miller, F. S. E., *Marriage: The Sacrament of Divine-Human Communion*, Franciscan Press, Quincy, Ill. 1996.

V. EL DIOS QUE ES ALIANZA

«El mundo, dijo el poeta Gerard Manley Hopkins, está repleto de la grandeza de Dios».

Si lo piensas, se trata de una idea extraña. Los cristianos, a fin de cuentas, no adoramos a la naturaleza; ni identificamos a Dios con el mundo. Él es infinitamente superior a su creación, infinitamente más grandioso que los cañones naturales, las cataratas, las selvas y las cumbres de las montañas. Trasciende todo lo que ha creado. Su verdadera grandeza, por tanto, es invisible al ojo humano. «A Dios nadie le ha visto nunca» (*1 Jn* 4, 12).

Y sin embargo, Hopkins tenía razón. El mundo está repleto de la grandeza de Dios. San Buenaventura nos dice que «el mundo ha sido creado para la gloria de Dios»; y explica que Dios creó todas las cosas «no para aumentar su gloria, sino para mostrarla y comunicarla» (cf. CCE n. 293). La trascendencia de Dios no deja a la creación sin rastro alguno de Él. La creación nos dice algo sobre su creador. Así que podemos saber algo más de quién es Dios observando la grandeza de lo que hace. En todo lo que existe podemos discernir, con los ojos de la fe, un propósito familiar, que los primeros cristianos lla-

65

maron «las huellas de la Trinidad» (*vestigia Trini-tatis*).

Nos damos cuenta de que muchas cosas buenas vienen en tríos. El tiempo transcurre claramente en tres dimensiones: pasado, presente y futuro. Medimos el espacio por largo, ancho y alto, y la luz por partículas, ondas y haces. Los físicos examinan la materia según la energía, movimiento y lo que aparece a los sentidos. La aparente preferencia de la naturaleza por lo ternario ha llevado a un teólogo contemporáneo a hablar de «la triunidad del universo»[1].

En la Sagrada Escritura, Dios mismo ha revelado que la familia es un signo terreno especialmente cargado de la grandeza de la Trinidad. «Hagamos al hombre a nuestra imagen y semejanza... y Dios creó al hombre a su propia imagen, a imagen de Dios lo creó, hombre y mujer los creó». Cuando un hombre y una mujer se hacen uno, engendran a un tercero; y los tres constituyen una unidad.

Así como la estructura de un cristal se muestra en cada partícula de ese cristal, así la marca de la Trinidad es la estructura «cristalina» de la creación, y esto se evidencia especialmente en la familia.

1. SE TRATA DE LA ECONOMÍA

Conocemos a Dios con más claridad en su autorrevelación. Si no se hubiera revelado como Padre,

---

[1] N. R. Wood, *The Secret of the Universe: God, Man, and Matter*, Eerdmans, Grand Rapids, Mich. 1955.

Hijo y Espíritu Santo, no habríamos podido conocer esta verdad partiendo de la mera observación de la naturaleza. De hecho, aunque la humanidad ha reconocido con frecuencia la unidad de Dios, ningún filósofo ni teólogo aportó las pruebas que llevasen a una conclusión trinitaria, hasta que Jesús mismo las reveló como verdaderas. Porque la Trinidad es un misterio que sobrepasa nuestras capacidades racionales por sí solas. Esto no quiere decir que creer en Dios sea irracional. Más bien quiere decir que cualquier dios que pudiéramos comprender no podría ser Dios, porque esa «divinidad» sería inferior a nuestro propio entendimiento. La grandeza de Dios puede ser vislumbrada, fugazmente, en la creación. Pero no podemos *conocer* a Dios si Él no se revela.

Una vez que Dios se ha revelado a sí mismo, entonces el tema empieza a estar más claro. Podemos observar cómo la creación habla de su grandeza. Más aún, una vez que conocemos que Dios es Trinidad, podemos entender mejor los misterios del mundo. Reflexionar en el misterio de Dios y en los misterios de la creación hace que se realcen mutuamente.

El *Catecismo de la Iglesia Católica* explica cómo muchos santos y pensadores han alcanzado a ver la interdependencia que hay entre nuestro conocimiento de Dios y el conocimiento de la creación.

«Los Padres de la Iglesia distinguen entre la "Theologia" y la "Oikonomia", designando con el primer término el misterio de la vida íntima del Dios-Trinidad, con el segundo todas las obras de Dios por las que se revela y comunica su vida. Por la "Oikonomia" nos es revelada la "Theologia"; pero inversamente es la "Theologia", la que esclarece toda la "Oikonomia". Las obras de Dios revelan quién es en sí mismo; e inversamente, el misterio de su ser íntimo ilumina la inteligencia de todas sus obras. Así sucede, analógicamente, entre las personas humanas. La persona se muestra en su obrar, y a medida que conocemos mejor a una persona, mejor comprendemos su obrar» (CCE n. 236).

Es interesante señalar que hasta la palabra «economía» tiene un significado familiar. Viene de los vocablos griegos *oikos* («hogar») y *nomos* («ley»). La economía de la creación es la ley del hogar de Dios. Es cómo gobierna su familia a lo largo de la historia de la salvación.

La principal obra de Dios en esta economía es su revelación. La definitiva revelación de Dios al mundo es su Hijo, Jesucristo, enviado «en la plenitud de los tiempos» (*Gal* 4, 4). Sin embargo, como hemos visto, Dios nos ha dejado pistas desde el principio, desde el primer momento de la creación, insertándolas en la naturaleza humana. De generación en generación, ha reunido a un pueblo para sí mismo. La historia de su pueblo se revela en la Biblia.

2. Séptimo cielo

La Biblia comienza con la historia a la que no dejamos de volver en este libro: el relato de la creación. Dios creó a Adán no como a cualquier otro de los animales, sino a su imagen y semejanza. Estos términos equivalen a libros enteros acerca del estado original del hombre a los ojos de Dios. Las mismas palabras aparecen después en *Gn* 5, 3, cuando la Biblia nos dice que Adán engendró a un hijo llamado Set, «a su imagen y semejanza».

Hecho a imagen y semejanza de Adán, Set era realmente hijo de Adán, y Adán era realmente padre de Set. Entonces, hecho a imagen y semejanza de Dios, Adán era realmente... ¡hijo de Dios! Y Dios era realmente su Padre.

¿Cómo podía ser esto? Aunque Dios es Padre desde toda la eternidad, su paternidad no depende de los seres humanos. Es más, los humanos, aunque hechos a la imagen de Dios, no son el mismo tipo de seres que Dios. Por tanto, ¿cómo podría entrar Adán en una relación de *familia* con Dios, que es todopoderoso, infinito y eterno?

La respuesta se encuentra en los detalles de la creación de Adán[2]. Dios lo hizo en el sexto día, pero

---

[2] Sobre la relación entre el séptimo día (sabbath), la alianza y el pacto-juramento, cf. S. R. Hirsch, *Jewish Symbolism*, Feldheim Publishers, New York 1995, pp. 97-105; A. J. Heschel, *The Sabbath*, Farrar, Strauss & Young, New York 1951, pp. 29-67; S. Hahn, *A Father who keeps His Promises: God's Covenant Love*, Servant, Ann Arbor, Mich. 1998, pp. 49-53; Idem, «Kinship by Covenant: A Biblical Theological Study of Covenant Types and Texts in the Old and New Testaments», Ph.D. tesis, Marquette University; University Microfilms, Ann Arbor, Mich. 1995, pp. 66-73; R. Murray, S. J., *The Cosmic Covenant*, Sheed & Ward, London 1992, pp. 2-13; N. E. A. Andreasen, *The Old Testament Sabbath: A Tradition-Historical Investigation*, Society of Biblical Literature, Missoula, Mont. 1972, p. 7; R. de Vaux, O. P., *Ancient Israel: Its Life and Institutions*, vol. 2, McGraw-Hill, New York 1961, p. 481: «El "signo" de la Alianza hecho al amanecer de la creación es la observancia del sabbath por el hombre (cf. *Ez* 20, 12, 20)». Cf. *Gn* 21, 27-32; *Ez* 17, 13-19; *Sab* 18, 6-22; *Lc* 1, 73.

por respeto al séptimo día. Dios «bendijo» y «santificó» el séptimo día, el *sabbath*, y lo declaró día de descanso (*Gn* 2, 2-3). ¿Por qué iba Dios a hacer esto? Es todopoderoso, por tanto no le afecta el cansancio; no necesita un descanso sabático. ¿Qué interés podía tener entonces el *sabbath*?

Veamos más de cerca. El *sabbath* es el séptimo día, y en hebreo «siete» se dice *sheba*. Pero *sheba* no significa sólo un número. *Sheba* es también un verbo y significa jurar una alianza, literalmente, «siete para uno mismo» (cf., por ejemplo, el juramento de alianza de Abrahán en *Gn* 21, 27-32). El número siete es el signo inequívoco de una alianza.

El sabbath, por tanto, fue como un signo de la alianza de Dios con la creación (cf. *Ex* 31, 16-17). El sabbath simbolizaba el destino dado por Dios a los hombres: descansar en la bendición y santidad de Dios por toda la eternidad. «El sabbath fue hecho para el hombre» dijo Jesús (*Mc* 2, 27).

Concretamente, el séptimo día significaba la conclusión del vínculo de alianza familiar entre Dios y el hombre. Si recuerdas, en el capítulo 2, las familias antiguas estaban muy unidas y cerradas a los de fuera, pero los forasteros podían ser «adoptados» e incorporados a la tribu mediante una alianza. Lo que sellaba o renovaba el vínculo era el juramento de alianza.

Con el séptimo día, Dios estaba haciendo una alianza con la humanidad. Dios introdujo a Adán y Eva en su familia. Les hizo sus hijos.

Este cambio de relación significa un correspondiente cambio de lenguaje. En el primer capítulo del Génesis, leemos que se llama a Dios «Elohim», un nombre formal, traducido ordinariamente como «Dios».

Elohim evoca el poder divino en el acto de la creación. Sin embargo, en el capítulo segundo —inmediatamente después del séptimo día— Dios aparece como «Yahvé Elohim», que se traduce habitualmente como «el Señor Dios». Se trata de algo más que una simple multiplicación de títulos honoríficos. «Yahvé» —que, repito, aparece sólo después del séptimo día—, es un nombre personal, un nombre de familia. Algo ha cambiado en la relación entre Dios y la creación. Más en concreto, algo ha cambiado en la relación entre Dios y su creación más alta, la criatura hecha a su imagen y semejanza, la única criatura que puede llamarse hija de Dios.

Como consecuencia del séptimo día, el día del juramento, Dios vive en alianza, un vínculo de familia, con la humanidad (cf. CCE n. 288). Dios no es sólo nuestro creador sino nuestro Padre.

3. EL HIJO ESTABLECIDO

En el relato del Génesis, Adán recibe muchas de las tareas que los lectores de la antigüedad podrían identificar como pertenecientes al primogénito de la familia. Dios mandó a Adán que cultivara (en hebreo, *'abodah*) y guardase (en hebreo, *shamar*) el jardín donde iba a vivir (cf. *Gn* 2, 15). De esta manera, Dios puso a Adán no sólo como terrateniente y agricultor sino también como sacerdote; porque esas dos palabras, *'abodah* y *shamar*, aparecen juntas en otros lugares del Pentateuco, sólo en referencia al servicio sacerdotal de los levitas en Israel (cf. *Num* 3, 7-8; 8, 26; 18, 5-6).

Cultivar y guardar: esos eran los términos de la alianza. Después, «creced y multiplicaos» (*Gn* 1, 28). El Padre elevaría a su hijo, Adán, para que también fuera padre, un padre que, a su vez, suscitaría muchos hijos para Dios. Todo lo que tenía que hacer Adán era ser fiel a Dios en estas cosas, y cumplir otra condición. «Y le dio este mandato: "de todos los árboles del paraíso puedes comer, pero del árbol de la ciencia del bien y del mal no comas, porque el día que de él comieres, ciertamente morirás"» (*Gn* 2, 16-17).

Pensándolo bien, parece un requisito pequeño. Adán podía vivir como hijo de Dios, satisfacer todas sus necesidades, trabajar a gusto y no morir nunca. Podía comer el fruto de cualquier árbol menos de uno. Si comía de ese árbol, ciertamente se seguiría la muerte.

Pero Adán violó la alianza. Pecó. Comió del fruto de aquel árbol prohibido, y trajo la muerte y el sufrimiento sobre él y sobre toda su descendencia. Lo peor de todo, rompiendo la alianza, se separó a sí mismo, y a toda su descendencia, de la familia de Dios (cf. CCE nn. 403-404).

Destinado por la alianza a vivir para siempre como hijo de Dios, Adán eligió en vez de eso vivir fuera de la familia, como un esclavo. (Volveremos sobre esta historia un poco más tarde y la examinaremos con mayor detalle.)

4. AMPLIAR LOS CÍRCULOS FAMILIARES

Al pecar, Adán y Eva dieron la espalda a Dios y escogieron ser expulsados de su patria. Sin embargo,

Dios no les abandonó ni a ellos ni a sus hijos. Una y otra vez, «reiteraste tu alianza a los hombres; por los profetas los fuiste llevando con la esperanza de salvación» (Plegaria Eucarística IV). De hecho, inmediatamente después de que Adán y Eva pecaran, Dios les prometió que uno de sus descendientes derrotaría a la serpiente y recobraría la herencia que los primeros padres habían perdido (cf. *Gn* 3, 15).

En el Antiguo Testamento, leemos que Dios renueva su alianza en otras cuatro ocasiones: con Noé, Abrahán, Moisés y David. Con cada una de las sucesivas alianzas, Dios abrió la posibilidad de que cada vez más gente fuera miembro de su familia por alianza: primero a una pareja casada, luego a una casa, después a una tribu, luego a una nación y más tarde a un reino. Cuando Dios salvó a la familia de Noé, juró que nunca más destruiría la tierra con un diluvio (cf. *Gn* 9, 8-17). La señal de la alianza con Noé fue el arco iris. Cuando Dios llevó a Abrahán a la Tierra Prometida, se comprometió a que su tribu creciera y llenara de bendiciones toda la tierra (cf. *Gn* 12, 1-3; 22, 16-18). El signo de la alianza con Abrahán fue la circuncisión. Cuando Dios hizo que Moisés sacara a Israel de Egipto y lo llevara hacia Canaán, prometió que haría de los israelitas una nación santa de sacerdotes, restaurando la herencia de Abrahán y los derechos y deberes de Adán (cf. *Ex* 19, 5-6). La señal de la alianza con Moisés fue la Pascua. Finalmente, con David, Dios le prometió que construiría un reino universal y que toda la gente volvería al culto adecuado (cf. *2 Sam* 7, 8-19). El signo de esta alianza era la dinastía de la Casa de David.

5. Déficit económicos

Todo esto nos lleva de nuevo a la relación entre teología y economía: quién es Dios y qué hace. Conocemos a Dios a partir de las cosas que hace. Conocemos la creación examinándola a la luz de lo que sabemos de Dios.

Por medio de las alianzas, Dios formó y re-formó su familia humana. Por medio de las alianzas, hizo y rehizo nuestras familias terrenas a imagen y semejanza de su propia familia. La alianza es el vínculo que mantiene unida a una familia. Alianza es *lo que Dios hace*, porque alianza es *lo que Dios es.* Leemos en el Nuevo Testamento que «Dios es amor» (*1 Jn* 4, 16), afirmación que sólo se puede hacer de un Dios que es familia: un Dios que vive en una comunión eterna de tres Personas, un Dios que vive eternamente en alianza.

Nosotros, por nuestra parte, hemos defraudado repetidamente esa alianza eterna. Cada una de las alianzas del Antiguo Testamento fracasó en su momento. Siempre que Dios buscaba restaurar el vínculo de la familia humana con el creador, los hombres decidían pecar y romperlo. Dios se mantuvo constantemente fiel; no así Adán, ni Noé, ni Moisés, ni David.

De hecho, la historia sagrada nos lleva a concluir que *sólo Dios* cumple sus promesas. Entonces, ¿cómo podía el hombre cumplir con su parte de una alianza de manera que pudiera durar para siempre? Eso requeriría una persona que fuera tan sin pecado y tan constante como Dios mismo.

VI. EL DIOS QUE ES AMOR

Llegados a este punto, es razonable que nos preguntemos si la gente está sencillamente loca.

El pecado parece irracional y fuera de toda explicación. Adán lo tenía todo en la vida. Estaba casado con la mujer que había sido creada especialmente para él. Dios le había dado dominio sobre la tierra entera, con todos sus campos, ganado y producción. Sus dones naturales eran tan increíbles que Dios mismo los había declarado «muy buenos». Es más, Dios les había dotado, tanto a Adán como a Eva, de dones que estaban por encima de lo natural: dones «preternaturales». Entre estos, el de disfrutar de una inteligencia dotada de una capacidad sobrehumana. Eran inmortales, también; aunque los cuerpos materiales son, por naturaleza, objeto de decadencia y muerte, Dios había dado a la primera pareja inmunidad frente a la muerte[1].

Todo esto no es nada comparado con el máximo don de Dios: «modeló el Señor Dios al hombre de la

---

[1] Cf. Conc. Vaticano II, *Gaudium et spes*, n. 18, que se refiere a aquella «muerte corporal temporal de la cual el hombre se habría librado si no hubiera pecado».

arcilla y le inspiró en el rostro un aliento de vida, y fue así el hombre ser animado» (*Gn* 2, 7). Dios no se limitó a activar al hombre; le *animó* con su propio aliento, su propio Espíritu. Por tanto, vemos que Adán estaba agraciado sobrenaturalmente con la filiación divina incluso desde el momento de su primera respiración. Su primer vistazo a la creación estaba iluminado por el Espíritu Santo.

Adán tenía el más impresionante conjunto de cualidades naturales, preternaturales y sobrenaturales. Pero lo perdió todo y prefirió la muerte para sí y para su familia terrena. Esto parece descabellado. ¿Qué ocurrió?

1. Buscando sentido a la historia[2]

Mucha gente intenta explicar la desobediencia de Adán en términos de pura malicia: una declaración

---

[2] Con relación a la narración del Génesis, el *Catecismo de la Iglesia Católica* dice: «El relato de la caída (Gn 3) utiliza un lenguaje hecho de imágenes, pero afirma un acontecimiento primordial, un hecho que tuvo lugar *al comienzo de la historia del hombre* (cf. GS 13, 1). La Revelación nos da la certeza de fe de que toda la historia humana está marcada por el pecado original libremente cometido por nuestros primeros padres» (n. 390; cursiva en el original). «Con el desarrollo de la Revelación se va iluminando también la realidad del pecado. Aunque el Pueblo de Dios del Antiguo Testamento conoció de alguna manera la condición humana a la luz de la historia de la caída narrada en el Génesis, no podía alcanzar el significado último de esta historia que sólo se manifiesta a la luz de la muerte y de la resurrección de Jesucristo. Es preciso conocer a Cristo como fuente de la gracia para conocer a Adán como fuente del pecado» (n. 388). Pero sigue en pie la cuestión de qué género literario se emplea para afirmar este «acontecimiento» en lenguaje figurativo. Cf. L. Alonso-Schokel, S. J., «Sapiential and Cove-

de guerra contra Dios. Sin embargo, Adán no era un hombre malvado. Dios mismo le había dado el Espíritu Santo y había reconocido que su creación era «bue-

---

nant Themes in Genesis 2-3», en D. J. McCarthy y W. B. Callen (eds.), *Modern Biblical Studies*, Bruce, Milwaukee 1967, pp. 49-61; G. E. Mendenhall, «The Shady Side of Wisdom», en H. N. Bream et al. (eds.), *Old Testament Studies*, Temple University Press, Philadelphia 1974, pp. 319-34. Mendenhall muestra cómo «la historia aparentemente ingenua e infantil es en realidad un trabajo de suma habilidad y sofisticación que proviene de la tradición de "sabiduría" del antiguo Israel. Es un *mashal*: una "analogía"... Como el libro de Job, al que tanto se parece... proviene de una tradición sapiencial que había sido castigada por la calamidad» (p. 320). El término *mashal* admite una amplia variedad de posibles traducciones (por ejempo: «proverbio», «sinónimo», «enigma», «parábola»). Mendenhall sigue explicando cómo se aplica a *Gn* 2-3: «Un *mashal* puede servir como base, precedente o justificación de una realidad existente, similar a la categoría de mito en las culturas paganas de la antigüedad. Las personas y los acontecimientos históricos pueden convertirse en *mashal* también, como por ejemplo en Deuteronomio 28, 37» (pp. 326-327): «Tú [Israel] serás objeto de pasmo, de fábula [*mashal*] en todos los pueblos a que el Señor te llevará». Se usa frecuentemente este término en muchos otros contextos en los que el plan de Dios es usar los catastróficos resultados del pecado de Israel como instrucción y advertencia para los gentiles (*1 Re* 9, 7; *Sal* 44, 14; *Jer* 24, 9; *Ez* 14, 8). Puede hacerse una aplicación similar con la narración de la caída de Adán. También es digno de consideración que *mashal* puede denotar un «enigma», particularmente con una prueba de sabiduría en una situación de ordalía (cf. el enigma de Sansón en Jueces 14, 14). Este tipo de enigmas casi siempre sucede en contextos maritales, como el de Sansón, y encierra típicamente un doble sentido, en el que el sentido superficial esconde un significado más profundo y verdadero (por ejemplo, el enigma babilonio: ¿Cómo está gorda sin comer?). Esta forma literaria sirve para encubrir incluso cuando revela; de ese modo hace señas a los lectores para que investiguen más a fondo y busquen un sentido más profundo. Este es el tipo de uso literario que veo aquí en *Gn* 2-3 (un enigma usado como una prueba de sabiduría en una situación judicial). Los dobles significados rondan sobre todos los términos claves: vida, muerte, sabiduría, árboles. Por tanto, como Adán, debemos discernir entre las formas humana y divina de vida, muerte y sabiduría..., que son significadas por los dos árboles (cf. *Prov* na». Es más, incluso si a Adán le hubiera consumido el egoísmo, habría prevalecido la obediencia. La serpiente no podía ofrecer nada para sobornar a Adán, puesto que en el Edén Adán no carecía de nada.

Otros ven a Adán como un ingenuo en su inocente desconocimiento del mal, y por eso presa fácil para la taimada serpiente. Pero esto me parece también poco convincente. Se trataba de un hombre con una inteligencia preternatural. Podía mirar a los animales, conocerlos y darles nombre. No habría sido seducido o engañado por una criatura salvaje.

Creo que la historia encierra algo más que eso. Observemos más de cerca el pasaje de la tentación que trae el Génesis, para intentar meternos en el desnudo pellejo de Adán..., para intentar, y realmente conseguir, entender el mandato de Dios, la contraoferta de la serpiente y la fatal motivación de Adán.

2. EL CUIDADO DEL JARDÍN

Para poder entender el pecado de Adán, vamos a tratar de escuchar el mandato divino como lo oiría Adán:

> «Plantó luego el Señor Dios un jardín en Edén, al oriente, y allí puso al hombre a quien formara. Hizo el Señor Dios brotar en él toda clase de árboles hermosos a la vista y sabrosos al paladar, y en

---

3, 18 y 11, 30; la sabiduría divina es el árbol de vida que da fruto para las personas rectas que temen al Señor más que al sufrimiento).

el medio del jardín el árbol de la ciencia del bien y del mal... Tomó, pues, el Señor Dios al hombre, y le puso en el jardín del Edén para que lo cultivase y guardase, y le dio este mandato: "De todos los árboles del paraíso puedes comer, pero del árbol de la ciencia del bien y del mal no comas, porque el día que comas de él, morirás"» (*Gn* 2, 8-9. 15-17).

Hay muchas cosas curiosas en este pasaje. Quizá no nos resulten tan extrañas a nosotros, porque estamos acostumbrados a un mundo de oscuridades y sombras, pero ciertamente resultarían extrañas para un hombre que viviera en un mundo perfecto.

En el capítulo anterior, hablamos del mandato divino de cultivar y mantener el jardín. Cultivar el jardín parece bastante razonable. Pero recuerda que la palabra hebrea traducida por «mantener» significa literalmente «guardar», como los sacerdotes israelitas guardaban el santuario y lo mantenían libre de profanación. ¿Por qué tendría Adán que guardar el paraíso? El mandamiento de Dios implicaba que había algo que debía mantenerse *fuera*, algo que podría intentar entrar.

La segunda cosa extraña aparece en la amenaza de castigo: «el día que comas de él, morirás». En algunas traducciones, la última frase viene como «ciertamente morirás». El hebreo es difícil de traducir al inglés o español. Traducido literalmente, el texto dice: «morirás morir» o «morirás la muerte». Resulta una extraña construcción ésta de repetir la palabra «morir» o «muerte». Para indicar el superlativo, el hebreo usa repeticiones —mientras que el español usa el sufijo *-ísimo* en palabras como por ejemplo «grandísimo» o «debilísimo»—. (Cuando Dios dice que vio la creación «muy buena», en hebreo en realidad se lee «buena buena»). Sin embargo, es raro que aparezcan en superlativo las palabras «morir» y «muerte». A fin de cuentas, Adán no podía tener algo más mortal que la misma muerte... ¿o sí?

Quizá pudiera. Los antiguos rabinos enseñaban que este pasaje del Génesis suponía que hay dos tipos de muerte. «La muerte del hombre es la separación del alma del cuerpo»[3], escribió Filón de Alejandría, un judío contemporáneo de Jesús. «Pero la muerte del alma es la corrupción de la virtud y la entrada de la maldad. Es por esta razón por la que Dios no dice sólo "morirás" sino "morirás la muerte", indicando no la muerte común para todos nosotros, sino esa muerte especial, que es la del alma que es enterrada por las pasiones y maldades de todo tipo. Y esta muerte es prácticamente la antítesis de la muerte que nos aguarda a todos nosotros».

Los términos, ahora, parece que están muy claros y hasta absurdamente simples. Si Adán guardaba un pequeño mandamiento de Dios, viviría su maravillosa vida para siempre. Si no lo hacía, tendría la más extrema de las muertes. Es razonable, no obstante, que nos preguntemos si Adán podía haber entendido las consecuencias del pecado. ¿Qué podía significar la muerte para un hombre que era preternaturalmen-

---

[3] Filón, *Legum allegoriae* 1.105-8, como está citado por M. Kolarcick, *The Ambiguity of Death in the Book of Wisdom 1-6*, Pontifical Biblical Institute, Roma 1991, p. 77. Cf. el profundo enfoque de M. Fishbane, *The Kiss of God: Spiritual and Mystical Death in Judaism*, University of Washington Press, Seattle 1994.

te inmune a la muerte? Por esta razón, ¿por qué plantó Dios el árbol de la vida en el jardín? ¿Podían significar algo para un hombre inmortal esas amenazas y esos elixires?

Sí que podían, y ciertamente lo significaron. Aunque Dios había hecho a Adán preternaturalmente inmortal, había hecho también su cuerpo, que era mortal por naturaleza, con un sano e instintivo aborrecimiento de la muerte física. De otra manera, no tendría sentido el castigo con que amenaza: «el día que comas de él, morirás».

3. PROBLEMAS EN EL PARAÍSO

Ahora que hemos examinado los términos del mandato de Dios, hagamos lo propio con la serpiente, analizando la letra pequeña de su proposición:

«Pero la serpiente, la más astuta de cuantas bestias del campo hiciera el Señor Dios, dijo a la mujer: "¿Con que os ha mandado Dios que no comáis de los árboles todos del paraíso?" Y respondió la mujer a la serpiente: "Del fruto de los árboles del paraíso comemos, pero del fruto del que está en medio del paraíso nos ha dicho Dios: 'No comáis de él, ni lo toquéis siquiera, no vayáis a morir'". Y dijo la serpiente a la mujer: "No, no moriréis; es que sabe Dios que el día que de él comáis se os abrirán los ojos y seréis como Dios, conocedores del bien y del mal". Vio, pues, la mujer que el árbol era bueno para comerse, hermoso a la vista y deseable para alcanzar por la sabiduría, y tomó de su fruto y comió, y dio también de él a su marido, que también con ella comió. Abriéndose los ojos de ambos, y viendo que estaban desnudos, cosieron unas hojas de higuera y se hicieron unos ceñidores» (*Gn* 3, 1-7).

Una vez más, en el hebreo original encontramos muchos detalles curiosos que se pierden en la traducción. Primero, podemos darnos cuenta de que la serpiente se dirige no a Eva, sino también a Adán. Usa verbos en segunda persona del plural, una construcción que se ha perdido en inglés (excepto en dialectos sureños de Estados Unidos, que usan «y'all» para la forma plural). Para la mayoría de los hablantes ingleses, la palabra «you» significa la *persona o personas* a las que se dirige. Pero el hebreo, como otras muchas lenguas, distingue entre el singular «tú» y el plural «vosotros».

La serpiente no se dirige a una persona, sino a dos..., pero ¿quién responde? Sólo Eva.

¿Dónde está el hombre a quien Dios mandó que guardara el jardín? Está ahí. La serpiente se dirige a él, pero Adán se queda callado. Deja que su mujer responda el reto de la serpiente; la deja continuar con la conversación... y deja que sucumba ante la proposición de la serpiente. ¿Por qué?

4. Un silencio que no es de oro

Para entender esto, hemos de regresar una vez más al principio de la narración, al momento en que Dios creó a Adán. Adán vivía en aquel momento en presencia de Dios como hijo de Dios. Pero esta soledad no era buena. Dios creó a Eva para que fuese compañera de Adán y para que la imagen divina fuese más perfecta en la humanidad. Pero, creo que, incluso entonces, la obra de la creación del hombre no estaba completa. Dios dejó algo de la imagen divina *para que el hombre y la mujer lo completaran.* Dios quiso que el hombre y la mujer imitaran, en la familia humana, la comunión, la alianza, que está en el centro de la familia divina, la Trinidad.

Ésta es la razón por la que Dios permitió que Adán y Eva sufrieran la terrible experiencia de la serpiente..., que era seguramente una bestia imponente y letal. En otros lugares del Antiguo Testamento, la palabra hebrea que aquí traducimos por «serpiente», *nahash,* se refiere a un dragón (cf. *Is* 27, 1) o a un monstruo marino (*Jb* 26, 13).

Lo que está claro es que Adán se enfrentaba a una fuerza que suponía una amenaza mortal, con unas intenciones mortíferas y una sutileza formidable[4]. Es

---

[4] Puede encontrarse un tratamiento más completo de esta interpretación de la narración de la tentación en Hahn, *A Father Who Keeps His Promises*, pp. 57-76; para referencias a las fuentes judías y cristianas, tanto antiguas como modernas, cf. pp. 272-276. La identificación de la serpiente de la caída con Satanás, como un dragón mortal, resulta explícita en los textos del Nuevo Testamento; cf. *Ap* 12, 9: «Fue arrojado el dragón grande, la antigua serpiente, llamada diablo y Satanás» (también *Ap* 20, 2). Para paralelos de Oriente Medio, intertestamentarios y rabínicos, cf. *Vida de Adán y Eva* 9-13, 37 39, *3 Apoc. de Baruch* 4, 1-5, 3; *Test. de Asher* 7, 3; *Test. de Salomón* 6, 12; *Apoc. de Abrahán* 23, 1-12; *1 Henoc* 60, 1-8; C. Grottanelli, «The Enemy King Is a Monster», en *Kings and Prophets*, Oxford University Press, New York 1999, pp. 47-72; M. Fishbane, «The Great Dragon Battle and Talmudic Redaction», en *The Exegetical Imagination*, Harvard University Press, Cambridge, Mass. 1998, pp. 41-54; G. A. Boyd, «Slaying Leviathan:

más, la serpiente se agarró a la única cosa que los humanos temen instintivamente desde su creación: la muerte. El *Catecismo de la Iglesia Católica* identifica a la serpiente con Satanás (cf. n. 391) y desglosa el poder que tenía para seducir a Adán, y también para perjudicarle física y espiritualmente (nn. 395 y 394).

Todas estas circunstancias dan fuerza a las palabras de la serpiente. Contradiciendo el mandato de Dios, la serpiente dijo: «No morirás». Citando al Señor Dios sólo parcialmente, la serpiente dejó caer la segunda «muerte», omitiendo el superlativo. Al hacerlo, cambió sutilmente el tipo de muerte que era objeto de conversación: pasó de la muerte espiritual («morir morir») a la muerte física.

Más aún, la serpiente pronunció una frase incompleta, dejando su pensamiento inacabado, y dejando que Adán y Eva rellenaran el espacio en blanco. «No morirás...», dijo la serpiente. La pareja no moriría, señaló de forma implícita, *si comían del fruto*. Dándole la vuelta, se puede tomar como una amenaza: *morirían si rehusaban* comer del fruto. Morirían físicamente, y la serpiente se encargaría de ello.

Ahora bien, si la serpiente era realmente una bestia monstruosa, y si Adán temía también la muerte, entonces podemos entender el silencio de nuestro

---

Cosmic Warfare and the Preservation and Restoration of Creation», en *God at War*, InterVarsity Press, Downers Grove, Ill. 1997, pp. 93-113; B. F. Batto, *Slaying the Dragon*, Westminster John Knox Press, Louisville, Ky. 1992; J. Day, *God's Conflict with the Dragon and the Sea*, Oxford University Press, New York 1988; N. Forsyth, *The Old Enemy: Satan and the Combat Myth*, Princeton University Press, Princeton, N.J. 1987; C. Kloos, *Yhwh's Combat with the Sea*, Brill, Leiden 1986; M. K. Wakeman, *God's Battle with the Monster*, Brill, Leiden 1973.

primer padre. *Temía su propia muerte*. Más aún, temía más su muerte física que ofender a Dios por el pecado. Estuvo quieto mientras Eva continuaba la conversación con la bestia. Se quedó callado mientras la serpiente proponía su velada amenaza. La serpiente se dirigió a Adán, pero el hombre nunca respondió. Ni pidió ayuda a Dios. Por orgullo y por miedo, guardó silencio. Y, con su mujer, desobedeció el mandato del Señor.

Lo que tenemos aquí es mucho más que es un ataque de nervios o un fallo de comunicación. Es un fracaso en la fe, en la esperanza y en el amor. Los miedos de Adán le apartaron de su obligación de guardar el jardín. Le alejaron de la confianza en su Padre Dios, y volvieron sobre él mismo en forma de orgullo. Le apartaron hasta de defender a su mujer..., la carne de su carne, hueso de sus huesos.

Conociendo el poder de la serpiente, Adán no estuvo dispuesto a dar su vida, por amor de Dios, ni por salvar la vida de su amada. Esa negativa a sacrificarse fue el pecado original de Adán. Lo cometió antes de haber probado el fruto, antes incluso de que Eva lo hubiera probado.

5. JUICIO POR MIEDO

La serpiente había logrado su propósito[5]. Había engañado a la pareja, pero sutilmente, sin mentir

---

[5] Cf. *Catecismo de la Iglesia Católica*: «Por el pecado de los primeros padres, el diablo adquirió un cierto dominio sobre el hombre, aunque éste permanezca libre. El pecado original entraña "la servidum-

abiertamente. De hecho parece que la narración quiere mostrar que estaba en lo cierto en todo momento. Dios había dicho a Adán que el mismo día que comiera del fruto, moriría sin remedio. La serpiente, por su parte, dijo: «no moriréis». Y Adán y Eva no «murieron» ese día, por lo menos no de la forma en que la serpiente entendía el verbo «morir». La serpiente también prometió a la pareja: «vuestros ojos se abrirán, y seréis como Dios, conocedores del bien y del mal» (*Gn* 3, 5); y, efectivamente, dos versículos más adelante leemos: «entonces los ojos se les abrieron». Y como si se cumpliera hasta la última palabra de la predicción de la serpiente, el capítulo termina con el Señor Dios que dice: «he aquí al hombre hecho como uno de nosotros, conocedor del bien y del mal» (3, 22).

Parece que la serpiente estaba en lo cierto en todo lo que dijo. Adán y Eva no murieron; sus ojos se abrieron; y se hicieron «como» Dios, conocedores del bien y del mal. La serpiente tenía razón porque mantuvo su conversación en un orden natural. Lo que sabía, pero no lo dijo, era que había un orden superior, sobrenatural.

---

bre bajo el poder del que poseía el imperio de la muerte, es decir, del diablo"» (n. 407, que cita *Heb* 2, 14-15). «A través de toda la historia del hombre se extiende una dura batalla contra los poderes de las tinieblas que, iniciada ya desde el origen del mundo, durará hasta el último día según dice el Señor. Inserto en esta lucha, el hombre debe combatir continuamente para adherirse al bien, y no sin grandes trabajos, con la ayuda de la gracia de Dios, es capaz de lograr la unidad en sí mismo» (n. 409). Cf. también Robert W. L. Moberly, «Did the Serpent Get It Right?», en *From Eden to Golgota: Essays in Biblical Theology*, Scholars Press, Atlanta 1992, pp. 1-27.

Porque el árbol era bueno. Eva lo vio (*Gn* 3, 6). Era naturalmente bueno. Parecía bueno, y podía hacer bien, dando sabiduría a la persona que lo comiese. Pero Dios había ordenado a la primera pareja que sacrificase ese gran bien por otro mucho mayor, un bien sobrenatural.

Igual que hay vida natural y vida sobrenatural, también hay muerte natural y muerte sobrenatural. Al elegir un bien natural, Eva y Adán rechazaban el bien sobrenatural: la filiación divina. Al decidir salvar su vida natural, la única cosa que el demonio podía quitarles, Adán y Eva escogieron morir espiritualmente[6].

Adán y Eva no tenían experiencia natural de su vida sobrenatural, así que no tenían repugnancia natural a la muerte sobrenatural. En cambio, experi-

---

[6] Sobre la realidad de la «muerte espiritual» indicada por el texto («morir la muerte») y experimentada por Adán y Eva, cf. G. J. Wenham, *Genesis 1-15*, Word Books, Waco, Tex. 1987, p. 90: «Ser expulsado del campamento de Israel o ser rechazado por Dios era experimentar una muerte en vida... Sólo en la presencia de Dios disfrutó plenamente el hombre de la vida. Elegir cualquier otra cosa es elegir la muerte (*Prov* 8, 36). La expulsión del jardín de las delicias donde Dios mismo vivía, habría sido considerado por los hombres piadosos del antiguo Israel como algo más catastrófico aún que la muerte física. Esta última fue el signo y el sello definitivo de la muerte espiritual que la pareja humana experimentó el día que comieron del árbol prohibido... Como paradigma de pecado, este modelo estará igualmente presente en cualquiera de las grandes tradiciones teológicas del Antiguo Testamento». Las veces en que aparece esta formulación de doble muerte admiten también una interpretación similar desde el punto de vista de la Alianza (en hebreo, *moth tamuth*; *Gn* 20, 7; *1 Sam* 14, 44; 22, 16; *1 Re* 2, 37.42, *2 Re* 1, 4. 6. 6; *Jer* 26, 8; *Ez* 3, 18; 33, 8. 14); cf. S. Sekine, *Trascendency and Symbols in the Old Testament*, Walter de Gruyter, New York 1999, pp. 240ss.

mentaban su vida natural —la respiración, los pensamientos, la conciencia—, y por tanto tenían una normal y saludable repugnancia a la muerte física. De hecho, poseían una sabiduría natural para conservar la vida y evitar la muerte.

Pero, para poder escoger la vida sobrenatural y evitar la muerte sobrenatural, necesitaban una sabiduría sobrenatural. Sólo entonces podrían haberse dado cuenta de que la muerte sobrenatural era incluso más mortal que la muerte corporal.

La única forma que tenían de proteger la vida sobrenatural habría sido la de dar un paso más en la oscuridad de la fe. Dios les había puesto en una situación en la que la fe sobrenatural era la *única* razón para obedecer ante un daño corporal. La esperanza sobrenatural les habría capacitado para soportar la dificultad. Y finalmente, el amor sobrenatural les habría llevado a temer ofender a Dios más que a temer la pérdida de la vida natural y los dones preternaturales. Fe, esperanza y amor se habrían perfeccionado en ese momento si hubieran invocado el nombre del Señor. Pero, en lugar de eso, «el hombre, tentado por el diablo, dejó morir en su corazón la confianza hacia su creador» (CCE n. 397).

Lo que Adán y Eva necesitaban no era una carencia absoluta de miedo, sino un tipo mejor de miedo. Porque hay un tipo bueno de temor, un miedo santo, y se llama temor de Dios. «El temor de Dios es el comienzo de la sabiduría» (*Sal* 111, 10). «El temor de Dios es la corona de la sabiduría» (*Sir* 1, 18). Este temor es un horror sobrenatural, que conduce a la sabiduría sobrenatural. Pero en el caso de Adán, el orgullo, en forma de una desordenada independencia, activó el miedo equivocado: el miedo al sufrimiento natural y a la muerte. En consecuencia, comió del árbol equivocado.

El árbol correcto, el árbol salvador, sólo es accesible para aquellos que gozan de sabiduría sobrenatural porque temen al Señor. Porque la sabiduría «es árbol de vida para los que a ella están asidos» (*Prov* 3, 18).

Como en un enigma, la historia de Adán y Eva opera en dos niveles[7]. El drama describe, a la vez, la

---

[7] Para un tratamiento similar de la narración de la tentación en términos de «enigma» (aunque con resultados diferentes), cf. H. Blocher, *Original Sin: Illuminating the Riddle*, Eerdmans, Grand Rapids, Mich. 1999. Blocher parafrasea el comentario de san Agustín sobre la causa y consecuencia del pecado de Adán: «Nada es tan fácil de censurar, nada es tan difícil de entender» (p. 15). Para profundizar en el importante (pero desatendido) uso de los acertijos en las narraciones del Antiguo Testamento, cf. «Riddles in the Old Testament», en J. L. Crenshaw, *Samson: A secret Betrayed, a Vow Ignored*, John Knox Press, Atlanta 1978, pp. 106-11. Crenshaw señala cómo «un texto antiguo (Números 12, 8) insinúa que el discurso de revelación normal tuvo lugar por medio de los enigmas» (p. 106). También examina una declaración similar encontrada en *Sal* 78, 2, donde «enigma» y «proverbio» se usan como sinónimos: «Una nación recuerda sus momentos más débiles, que parecen perdurar en la conciencia nacional como un tipo de castigo espiritual... En ellos Dios rompe el silencio de la eternidad e invita a la interpretación. Los sabios de Israel vieron su tarea como la enseñanza del arte de entender los dichos oscuros» (p. 107; cf. *Prov* 1, 6). Crenshaw cita el ejemplo de Salomón, cuya sabiduría superior estaba marcada precisamente por su extraordinaria habilidad para resolver enigmas (*1 Re* 10, 3). Crenshaw explica: «Lo esencial de los enigmas es poner una trampa. Procuran engañarnos ofreciendo un lenguaje especial que se enmascara como lenguaje común» (p. 99). De forma significativa, Crenshaw observa también: «el juego de palabras, el uso de dobles sentidos es usado a menudo en los acertijos, particularmente porque sexo y religión constituyen los dos temas favoritos de los enigmas. Se sigue que las bodas proporcionan una ocasión perfecta para plantear enigmas... Por tal precio, arriesgar la vida, parecía un simple juego» (p. 102). También cf. J. K. A. Smith, *The Fall of Interpretation: Philosophical*

consecuencia natural y sobrenatural de las decisiones de la primera pareja. Tenían que elegir entre dos tipos de vida: natural o sobrenatural. Tenían que escoger entre dos tipos de muerte: física y espiritual. Debían decidir entre dos tipos de sabiduría: humana y divina. Por último se enfrentaron a dos tipos de temores: el miedo al sufrimiento y el temor de Dios. Uno les hubiera llevado a comer del árbol de la vida; el otro, trágicamente, les llevó a comer del fruto prohibido. El enigma quedaría sin resolver hasta que un nuevo Adán surgiera de un jardín y se acercara a otro árbol, un árbol salvador.

6. LA HISTORIA, DESDE DENTRO

¿Cuál fue el significado de esta primera prueba? ¿Cómo podría, el propio sacrificio de Adán, haberle perfeccionado como imagen de Dios? Dios, a fin de cuentas, no puede ofrecer sacrificios. ¿A quién podría Dios ofrecer sacrificios? ¡No hay nadie superior a Él!

Y sin embargo, el sacrificio es el único modo en que los seres humanos pueden imitar la vida interior de la Trinidad. Porque Dios es amor, y la esencia del amor es dar la vida. El Padre da la totalidad de sí mismo; no se reserva nada de su divinidad. Eternamente engendra al Hijo. El Padre es, por encima de todo lo demás, un amante que da la vida, y el Hijo es

---

Foundations for a Creational Hermeneutic, InterVarsity Press, Downers Grove, Ill. 2000.

su perfecta imagen. Por tanto, ¿qué es el Hijo sino un amante que da la vida? Y el Hijo, de forma dinámica, es imagen del Padre desde toda la eternidad, dando la vida que ha recibido del Padre; devuelve al Padre esa vida en una perfecta expresión de agradecimiento y de amor. Esa vida y amor, que el Hijo recibe del Padre y devuelve al Padre, *es* el Espíritu Santo.

Imitamos a Dios cuando nos damos a nosotros mismos por amor. El amor exige que nos demos totalmente, sin reservarnos nada. En la eternidad, el don completo de sí mismo es la vida de la Trinidad. En el tiempo, la imagen de ese amor es el amor *de sacrificio*, el amor *que da la vida*. Debemos morir a nosotros mismos por amor al otro. Esto es precisamente lo que Adán no hizo.

En consecuencia, interrumpió su propia creación cuando aún no estaba completa del todo. Adán fue creado en un paraíso terrenal, pero fue creado *para* la vida celestial en la Trinidad. Si hubiera obedecido a Dios, podría haber completado su creación, participando de la vida misma de Dios.

En vez de eso, lo perdió todo. Por encima de todo, perdió la filiación divina. Es significativo que, cuando Eva entra en diálogo con el diablo, vuelve a llamar a Dios «Elohim», que no es tan paternal como «Yahvé». Se estaba saliendo, incluso verbalmente, de su privilegiada relación familiar con Dios para ponerse en el nivel de los esclavos.

No debemos subestimar las penosas circunstancias de Adán después de la caída..., y la de todos sus descendientes. Un reciente teólogo lo resume muy bien: «El pecado trunca este proceso unitario y provoca que el hombre quede monstruosamente semicreado, que sea una bestia. La creación en su totalidad incluye un momento en el que la naturaleza muere a sí misma y vuelve a levantarse, en el que el primer movimiento de vida retorna sobre su fuente y vuelve a levantarse. Así que si uno estudia de cerca las imágenes de la creación se encuentra con que incluye virtualmente las nociones de sacrificio, de muerte, de renacimiento o resurrección que van a constituir la terminología de la redención»[8].

Por no sacrificar su vida, Adán se dejó a sí mismo, y a sus descendientes, «monstruosamente semi-creados»..., hasta el día en que uno de esos descendientes pudiera ofrecer un sacrificio perfecto.

7. SERVIDORES DEL ALTAR

El sacrificio, pues, se convirtió en la característica esencial de todas las sucesivas alianzas entre Dios y la humanidad. Noé, al final de su aventura náutica,

---

[8] R. Kehoe, O. P., «The Holy Spirit in the Scriptures», en C. Hastings y D. Nicholl (eds.), *Selection II*, Sheed & Ward, London 1954, p. 9. Kehoe muestra que el plan de Dios para la creación y la humanidad es «que la Carne puede participar en el Espíritu, que la naturaleza puede ser transformada por el poder del Espíritu», para lo cual «la naturaleza debe primero morir a sí misma». Por tanto, concluye: «la caída nos habla del fracaso en aceptar el Sacrificio que esto implica... Debe haber una sabiduría... que conozca cómo morir para encontrar la vida... Pero el hombre rechazó este camino de sacrificio... siendo seducido por la creencia de que el Eros podría encontrar su plenitud sin tener que morir» (pp. 8, 12). Cf. A. McGill, «Self-Giving as the Inner Life of God», en *Suffering: A Test of Theological Method*, Westminster Press, Philadelphia 1982; M. Foss, *Death, Sacrifice, and Tragedy*, Univ. of Nebraska Press, Lincoln, Nebr. 1966.

«alzó un altar a Yahvé, y tomando de todos los animales puros y de todas las aves puras, ofreció sobre el altar un holocausto» (*Gn* 8, 20). El sacrificio de Noé simbolizaba todo lo que poseía, y marcó el momento de la alianza de Dios con él.

La alianza de Dios con Abrahán siguió a una «prueba» (*Gn* 22, 1) que recuerda a la de Adán. Dios pidió a Abrahán que le sacrificara a su único hijo, Isaac, como holocausto en un altar sobre el monte Moria (*Gn* 22, 2). Dios perdonó la vida de Isaac, e inmediatamente después hizo sus promesas a Abrahán.

El asunto continuó en tiempos de Moisés, con la Pascua, cuando pidió Dios que las familias israelitas sacrificasen un cordero sin mancha en lugar de sus primogénitos.

Finalmente, la alianza de David con el Señor llegó a su consumación en el Templo de Jerusalén, construido por su hijo, Salomón, donde todos los días se elevaban sacrificios y ofrendas al trono del Todopoderoso.

Todas las alianzas requerían un sacrificio que simbolizaba la entrega total del hombre. Porque una alianza no es un contrato; ni un intercambio de bienes. Una alianza es un intercambio de personas. Una persona abandona su antiguo yo, su antigua identidad, para ser aceptado en una nueva familia.

Pero todas las alianzas del Antiguo Testamento se fueron a pique por la negativa de las personas a darse del todo. Noé construyó un arca, pero después se emborrachó. Abrahán actuó fielmente dejando su tierra y emigrando a otro lugar, pero se impacientó por tener un heredero y tomó una concubina, una querida. Moisés confió en el Señor, y sin embargo golpeó la roca con furia y se dejó llevar por su temperamento. David fue un hombre según el corazón de Dios, pero adulteró con Betsabé. Todos estos hombres desarrollaron tremendas virtudes y vicios fatales. Fíjate otra vez en Adán. Tendemos a insistir en sus errores, pero había mucho más en su vida. Era el padre de muchos hijos, entre ellos Caín, Abel y Set. Sí, engendró al primer fratricida, pero también engendró al primer mártir.

En cada uno de estos hombres elegidos, hallamos un cumplimiento parcial que apunta a uno mayor y más perfecto. Cada uno se enfrentó a un desafío increíble y actuó con fidelidad, pero fracasó en un punto decisivo, mostrándonos que algún intermediario mayor tendría que establecer una alianza más grande. Nada que no fuese una entrega total podía hacerlo. Ninguna otra cosa podía servir para imitar la vida Trinitaria.

8. SELLADO CON UNA MALDICIÓN

Debilitados por el pecado de Adán, nadie podía darse a sí mismo completamente a imitación de Dios. Por tanto, la humanidad y cada uno de los hombres y mujeres no podían disfrutar de la paz de la vida Trinitaria o de la felicidad que sólo Dios conoce. Porque la fidelidad a la alianza es la condición previa para la felicidad y la paz. Cuando fallamos en esto, atraemos miseria sobre nosotros..., no porque Dios sea vengativo o inclinado a aplastar rebeldes, sino porque la felicidad es incompatible con cualquier grado de egoísmo. Cuando nos reservamos algo de nuestra propia entrega, elegimos nuestra propia muerte (cf. *Hech* 5, 1-11).

Ésta es la opción que los hombres elegían una y otra vez en el Antiguo Testamento, con penosas consecuencias: esclavitud, cautiverio, guerra, exilio, ruina familiar. Todas ellas eran manifestaciones exteriores de la condición interior humana: la humanidad había perdido su herencia, la filiación divina, la participación en la familia de Dios. Y por eso se había atraído las maldiciones de la alianza, que son el reverso de las promesas de la alianza.

En sus alianzas, Dios prometía una restauración mayor: una familia depositaria de innumerables descendientes, una tierra llena de recompensas, un gobierno próspero y tranquilo sobre toda la tierra. Pero ni los mejores hombres y mujeres del mundo antiguo fueron capaces de mantener su parte del pacto. En vez de eso, sucumbieron a la pérdida de nervios de Adán; cometieron el pecado de Adán y se negaron a sacrificarlo *todo* por el amor. Por tanto, rechazaron el amor. Sin prestar atención a la alianza, rehusaron dejar que su familia humana completara la imagen y semejanza de la familia divina.

Lo que Adán podía haber conservado aceptando el martirio, ahora la humanidad sólo podía volver a conquistarlo a trompicones, y nunca en su plenitud. Llegar a ser hijos de Dios otra vez... esto siempre resultaba inalcanzable.

9. EL PRIMER *GO'EL*

Dios, sin embargo, nunca cesó de ser Padre. Vemos sus cuidados paternales en cada una de las alianzas. Siempre se acomodaba a la condición de sus hijos. Algunas veces lo hizo hablando como si fuera humano, con pasiones humanas como la ira o el arrepentimiento (lo atestigua su «negociación» con Abrahán y Moisés en Génesis 18 y Éxodo 33). Cualquier padre terreno actúa de manera similar con sus hijos cuando se pone a su nivel o les habla como a niños pequeños. En otros momentos, Dios elevó a sus hijos sobre lo mundano, para que vieran cosas divinas, como cuando envió a sus ángeles a Abrahán y a Jacob o cuando entregó la ley a Moisés. También esta situación la podemos ver en los padres humanos, cuando dan a sus hijos responsabilidades de mayores en el hogar. Así es como se revela Dios en la historia: unas veces se abaja a nuestro nivel para hablarnos; otras veces nos eleva para que vivamos como Él vive.

Gracias a las alianzas, las tribus de Israel, por su parte, continuaron considerándose ‘am Yahweh, «la parentela de Dios»[9]. Sin embargo, experimentaban más en concreto su parentesco tribal, y era de su familia terrena de la que esperaban un «pariente redentor» que vendría y les restituiría su fortuna perdida. Porque cada una de las infidelidades espirituales conllevaba inevitablemente la ruina material.

---

[9] Cf. Cross, «Kinship and Covenant», pp. 12-13: «La liga era concebida idealmente como doce tribus, relacionadas por alianza y parentesco... Israel es el pariente (‘am) de Yahvé... Se trata de una antigua fórmula. Pero esta fórmula debe ser entendida como un lenguaje legal, el lenguaje del parentesco político, o, en otras palabras, el lenguaje de la alianza». Sobre la traducción de la expresión hebrea ‘am Yahweh como «familia/parentela de Yahvé», más que «pueblo de Dios», cf. N. Lohfink, S. J., *Great Themes from the Old Testament*, T. & T. Clark, Edimburgh 1982, pp. 119-32.

El pariente redentor, el *go'el*, o familiar más cercano, era tradicionalmente el héroe que vengaba a la familia y su honor[10]. Posteriormente, Israel hablaría de este *go'el* como el Mesías: el «Cristo», o «el ungido»; el único que Yahvé suscitaría para librar a su familia, redimirles, vengarles y purificarles ofreciendo un sacrificio puro.

Pero ni sus esperanzas y sueños más ambiciosos podrían haberles preparado para lo que iba a llegar.

---

[10] Sobre la identidad familiar del *go'el* como «pariente-redentor», cf. Cross, «Kinship and Covenant», pp. 4-5: «Sobre el grupo de parentesco, la familia (*mishpahah*), cae la obligación de la redención... Las obligaciones del *go'el* son diversas: vengar la sangre de un pariente, redimir la propiedad vendida por un pariente pobre, redimir a un pariente vendido como esclavo por deudas... Estas leyes... tienen su origen en el grupo de parentesco... que mantuvo la propiedad común como patrimonio inalienable». Cf. también C. Stuhlmueller, C. P., *Creative Redemption in Deutero-Isaiah*, Pontifical Biblical Institute, Roma 1970, pp. 99-131, que muestra cómo el término hebreo «evoca inmediatamente la idea de una *familia o lazo de sangre* entre el redentor y el redimido» (p. 100).

VII. EL DIOS QUE SE HIZO HOMBRE

Adán se había entregado al poder de la serpiente. Perdiendo la filiación divina, había elegido la muerte para sí y su descendencia. Nadie podía dar marcha atrás a esta sucesión de eventos. «Nadie puede redimirse, dijo el salmista, ni pagar a Dios por la vida; pues muy caro es el precio de rescate de la vida, y ha de renunciar por siempre a continuar viviendo indefinidamente sin ver la fosa» (*Sal* 49, 7-10).

1. SIMPLEMENTE AMOR

El precio para asegurar la gloria divina estaba situado «al principio», y era nada menos que un amor total, un amor que diera la vida. Pero ningún mortal desde Adán podía ofrecer una vida sin pecado, mucho menos permitirse el lujo de pagar el precio para participar en la gloria de Dios. Nadie podía hacer la ofrenda que Adán, en su momento, no consiguió hacer.

¿Quién podría imitar, entonces, la vida de Dios? Tendría que hacerlo Dios mismo. Abrahán había hablado proféticamente mientras iba con Isaac al lugar del sacrificio: «Dios mismo proveerá de cordero para el holocausto» (*Gn* 22, 8).

Así pues, Dios entró en la historia como el «nuevo Adán» (cf. *1 Cor* 15, 20-23, 45). La Palabra, la segunda Persona de la Santísima Trinidad, asumió nuestra carne y habitó entre el pueblo de Dios (cf. *Jn* 1, 1-5.14). Este es el misterio de la Encarnación. Dios mismo se haría hombre y se enfrentaría a las mismas pruebas que Adán. Sólo que ahora, este Nuevo Hombre prevalecería sobre la muerte y el pecado. El hombre en Jesucristo, podría ofrecerse del todo a Dios en un amor que da la vida, o sea en sacrificio. Jesucristo llevaría a cabo, en el espacio y en el tiempo, el amor eterno y trascendente de la Trinidad[1].

Según las palabras mismas de Jesús, esta entrega total era la esencia de su misión: «pues tampoco el Hijo del hombre ha venido a ser servido, sino a servir y dar su vida en rescate por muchos» (*Mc* 10, 45).

«Yo soy el buen pastor... doy mi vida por mis ovejas... Por eso el Padre me ama, porque yo doy mi vida... soy yo quien la doy de mí mismo. Tengo poder para darla y poder para volver a tomarla. Tal es el mandato que del Padre he recibido» (*Jn* 10, 14-15. 17-18).

«En verdad, en verdad os digo, que si el grano de trigo no cae en la tierra y muere, quedará solo; pero si muere, llevará mucho fruto. El que ama su alma la pierde, pero el que aborrece su alma en este mundo, la guardará para la vida eterna» (*Jn* 12, 24-25).

---

[1] Para una meditación, profunda y a la vez accesible, de cómo el lenguaje de amor de la Trinidad habla a los más profundos anhelos del corazón humano, cf. M. Downey, *Altogether Gift: A Trinitarian Spirituality*, Orbis Books, Maryknoll, N.Y. 2000.

«No hay amor más grande que el de aquel que da la vida por sus amigos» (*Jn* 15, 13).

2. La cruz es un acontecimiento Trinitario

Por fin había llegado un Hombre que podría llevar a cabo lo que Adán no hizo, un Hombre que podría guardar una alianza eterna con Dios, un lazo familiar que nadie podría romper. Por fin, un Hombre podría dar a Dios el precio de su vida, y de todas las vidas humanas. Por fin, Alguien podría restaurar la familia humana y elevarla a la dignidad para la que había sido creada, en el principio. Porque Jesús fue tentado —una vez más, en un jardín (cf. *Jn* 18, 1)— con el mismo miedo natural a la muerte que tuvo Adán, pero Él no se amilanó. Fue precisamente por el hecho de vencer ese terror natural por el que nos ganó la vida sobrenatural. «Él participó de la misma naturaleza (humana) para destruir por la muerte al que tenía el imperio de la muerte, esto es, al diablo, y librar a aquellos que *por el temor de la muerte estaban toda la vida sujetos a servidumbre*» (*Heb* 2, 14). Estar sujetos a una servidumbre perpetua por el miedo de Adán a la muerte es todo lo que heredamos de nuestro primer padre[2].

Pero Cristo conocía un miedo mayor que el terror al sufrimiento corporal: conocía el temor de Dios. Y

---

[2] Cf. C. Leget, *Living with God: Thomas Aquinas on the Relation Between Life and Earth and «Life» After Death*, Peeters, Leuven 1997, pp. 117-18.

mientras que el orgullo de Adán no le dejó pedir ayuda, Cristo suplicó inmediatamente al Padre. Tres veces en el Huerto de Getsemaní cayó nuestro Señor, rostro en tierra, suplicando a su Padre (*Mt* 26, 39-44), porque, a diferencia de Adán, Él temía ofender a Dios más que su propia muerte. «Habiendo ofrecido en los días de su vida mortal oraciones y súplicas con poderosos clamores y lágrimas al que era poderoso para salvarle de la muerte, fue escuchado por su reverencial temor. Y aunque era Hijo, aprendió por sus padecimientos la obediencia, y por ser consumado, vino a ser para todos los que le obedecen causa de salvación eterna» (*Heb* 5, 7-9).

Jesucristo consumó nuestra salvación dándose a sí mismo, por amor, para ser crucificado. «Habéis sido rescatados de vuestro vano vivir según la tradición de vuestros padres, no con plata y oro, corruptibles, sino con la sangre preciosa de Cristo» (*1 Pe* 1, 18-19). En lugar de perder la vida por la muerte, Jesús dio su vida. En consecuencia, el Viernes Santo la muerte murió más que Jesús.

El amor es lo que dotó al sufrimiento y a la muerte de Cristo de su infinito valor y poder. Los que se oponen al cristianismo afirman a veces que otra gente ha sufrido más que Jesús. Pero nadie ha amado más. Y en ningún lugar se muestra más activo el amor de Jesús que en su obediencia hasta la muerte.

3. EL PRECIO ES UN RITO

El precio de nuestra redención no era principalmente el dolor y el sufrimiento de Cristo, sino su amor que da la vida. No era tanto que Jesús muriese *en lugar de nosotros,* como que lo hiciera *por nosotros.* De hecho, la pasión de Cristo no nos eximió del sufrimiento y de la muerte; más bien nos une a Él y confiere a nuestro sufrimiento y muerte un valor y poder redentores. San Pablo lo sabía bien: «Ahora me alegro de mis padecimientos por vosotros y suplo en mi carne lo que falta a las tribulaciones de Cristo por su cuerpo, que es la Iglesia» (*Col* 1, 24). El precio de nuestra redención era el perfecto amor de Cristo y su vida intachable dada completamente, por los demás, hasta la muerte.

Entender esto es comprender el sentido verdadero y familiar de nuestra salvación. Entenderlo de forma errónea nos lleva a veces a conclusiones inaceptables. A menudo la gente piensa que el sufrimiento de Jesús de alguna manera descargaba la ira de una deidad vengativa..., como si Dios fuera un juez incapaz de perdonar que necesita exigir su libra de carne de una víctima inocente pero voluntaria. Estas imágenes quedan muy lejos de la verdad del Evangelio. Porque el amor de Dios es justo, y su justicia es amor. «El amor es la plenitud de la ley», dijo San Pablo (*Rom* 13, 10). Sin embargo, si imaginamos a Dios como un juez furioso y miope, estamos negando a la vez su amor misericordioso y su justicia perfecta..., y tergiversamos totalmente la lógica interna de la ley de su alianza. Porque la alianza requiere un amor que dé la vida como requisito previo para entrar en la vida gloriosa de la familia trinitaria.

La vida de Jesús, su muerte y resurrección, fueron una revelación *en el tiempo* de la eterna vida íntima de la Santísima Trinidad. El Hijo devolvió el don paterno del amor, que era su misma vida. Nada menos que el amor divino completaría la alianza.

Por medio del bautismo, participamos en la muerte sacrificial de Jesús (cf. *Rom* 6, 3). La inmersión en el agua simboliza su descenso a la tumba, y el nuestro también. «Con Él fuisteis sepultados en el bautismo y en Él, asimismo, fuisteis resucitados por la fe en el poder de Dios, que le resucitó de entre los muertos» (*Col* 2, 12). Y, ¿cuál es la nueva vida a la que resucitamos? Nada menos que la vida de la Trinidad. En Cristo, recibimos lo que Juan Pablo II llama nuestra «sublime vocación de ser "hijos en el Hijo"»[3]. La vida cristiana, por tanto, es una participación en la vida de la Trinidad. La propia vida de Dios nos capacita para vivir y amar a lo divino. Los primeros cristianos se atrevieron a llamar a este proceso *deificación*, porque creían en la capacidad de Dios para divinizarnos[4].

Una generación después de la época de los apóstoles, San Ireneo escribió: «Fue para esto para lo que se hizo hombre la Palabra de Dios, y el que era el Hijo de Dios se hizo Hijo del hombre, para que el hom-

---

[3] Cf. Juan Pablo II, Enc. *Veritatis splendor*, 6-VIII-1993, 17; cf. también M. Vellanickal, *Divine Sonship of Man in the Bible*, PSP, Kottayam, India, 1999; idem, *The Divine Sonship of Christians in the Johannine Writings*, Pontifical Biblical Institute, Roma 1977.

[4] Cf. San Agustín, *Exposición sobre los salmos*, 50.2; San Gregorio Nacianceno, *Oraciones*, 30.14, 38.13; San Máximo el Confesor citado en *The Philokalia*, vol. 2, Faber and Faber, London, 1981, p. 171; San Cirilo de Alejandría, *Comentario sobre San Juan*, 1, 8; San Juan Damasceno, *Sobre la fe ortodoxa*, 2, 12, 4, 13. Para una consideración contemporánea, cf. Card. Christoph Schönborn, «Is Man to Become God? On the Meaning of the Christian Doctrine of Deification», en *From Death to Life*, Ignatius Press, San Francisco 1995, pp. 41-63.

bre, siendo introducido en la Palabra, y recibiendo la adopción, pudiera hacerse hijo de Dios»[5]. En el año 318 d. C., San Atanasio lo expresó más sucintamente: «Él se hizo hombre para que nosotros pudiéramos hacernos Dios; y se manifestó a sí mismo en la carne para que pudiéramos hacernos una idea del Padre invisible; y resistió la insolencia de los hombres, para que pudiéramos recibir la herencia de la inmortalidad»[6].

Romano 8 - 3

4. MOVILIDAD ASCENDENTE

«El fin último de toda la economía divina es la entrada de las criaturas en la unidad perfecta de la Bienaventurada Trinidad» (CCE n. 260). Se trata de un asunto de familia: que somos introducidos, como hijas e hijos, en las relaciones eternas del Padre, el Hijo y la esencia del amor, el Espíritu Santo. En Cristo, entramos en la vida de la Familia que es Dios. Empezamos esa perfecta comunión del mismo modo que el pueblo de Dios ha entrado siempre en relación con Dios: el modo en que los forasteros de la antigüedad eran introducidos en la familia depositaria. Entramos en la Familia de Dios por medio de una alianza.

Jesús mismo lo dijo, y en un momento extremadamente significativo de su vida terrena. Hablando la noche en que fue traicionado, unas horas antes de su arresto, dejó claro que estaba entregando su vida

---

[5] San Ireneo, *Contra las herejías*, 3, 19, 1.
[6] San Atanasio, *Sobre la Encarnación*, 54. 3.

voluntariamente, en una completa efusión de amor. Dio a los apóstoles su Cuerpo, bajo la apariencia de pan, y les dio su Sangre, bajo la apariencia de vino. Todo esto tuvo lugar en el marco de la comida de Pascua, la comida de la alianza del antiguo Israel. Pero Jesús subrayó que su entrega, aunque estaba prefigurada en el sacrificio del cordero pascual, constituía una *nueva Alianza*. Tomando la copa de vino, dijo: «Este cáliz derramado por vosotros es la nueva Alianza en mi sangre» (*Lc* 22, 20).

En las horas y días que siguieron, se iba a «derramar» él mismo en una completa donación de sí. El primer Adán se enfrentó al pecado y la muerte y se encogió de miedo en un cobarde silencio. El nuevo Adán, sin embargo, afrontó el pecado y la muerte —incluso la muerte más humillante y dolorosa— e hizo morir a la muerte cuando dio su vida. Empezando por aquella comida Pascual, Jesús completaría el sacrificio de sí mismo que Adán había rechazado. Mientras que Adán fracasó a la hora de defender su hogar y de defender a su amada, Jesús triunfó absolutamente, llevando a plenitud también todas las demás alianzas intermediarias.

A diferencia de la(s) antigua(s) alianza(s), ésta consistía en un lazo de familia que duraría para siempre, porque *esta* alianza es el mismo vínculo que enlaza las tres Personas divinas eternamente en la perfecta unidad del Dios uno y único.

5. JURADO OTRA VEZ

Por lo que sabemos, Jesús usó el término «nueva Alianza» sólo en esa ocasión; pero, para los primeros cristianos, llegó a definir su nueva vida. Más aún, estableció su continuidad con la antigua familia de Dios, desde Adán pasando por Noé, Abrahán, Israel, Moisés y David. La nueva Alianza tenía todas las características de las alianzas históricas y de los pactos legales de las familias depositarias. Había un juramento, un sacrificio y una comida en común. Pero la nueva Alianza llevó todos esos elementos a la perfección. Ahora el juramento se había cumplido; el sacrificio era sin tacha, y el sacerdote y la víctima eran Dios mismo; ahora la alianza era irrompible, y la comida era una comunión con Dios.

Para los primeros cristianos, la nueva Alianza, como todas las alianzas, era un asunto de familia. La Carta a los Hebreos habla de esto, con una inmensa mayoría de términos de carácter familiar como «herencia» y «primogénito». «Por esto [Jesús] es el mediador de una nueva Alianza, a fin de que, por su muerte, para redención de las transgresiones cometidas bajo la primera alianza, reciban los que han sido llamados las promesas de la herencia eterna» (*Heb* 9, 15). Acuérdate de que hasta la idea de «redención» era una cuestión de familia, ya que el «redentor» era el *go'el*, el que vengaba a su parentela. «Pero vosotros os habéis llegado al monte Sión, a la ciudad del Dios vivo... a la congregación de los primogénitos» (*Heb* 12, 22-23).

La incorporación a esta familia no era algo teórico, abstracto o meramente espiritual. Recibimos el Espíritu de Jesús (cf. *Jn* 20, 22); si no, no podríamos llamar a Dios «¡Abba! ¡Padre!» (cf. *Gal* 4, 6). Pero hay más cosas implicadas en esta nueva Alianza.

107

6. Memorial de re-encarnación[7]

A partir de Jesús, los primeros cristianos hablaron de la alianza con un realismo de carne y hueso. Contrastando implícitamente la nueva Alianza con la antigua, dijo Jesús, en su penúltima Pascua: «Moisés no os dio pan del cielo, es mi Padre quien os da el verdadero pan del cielo... Yo soy el pan de vida... si alguno come de este pan, vivirá para siempre, y el pan que yo le daré es mi carne, vida del mundo» (*Jn* 6, 32. 35. 51). Esto apuntaba a la comida de la alianza que Jesús serviría en su última Pascua.

San Pablo cuenta que, en aquella comida, Jesús mandó a sus discípulos: «Haced esto —caracterizar la alianza de la misma manera que lo hizo— en conmemoración mía» (*1 Cor* 11, 25). La palabra griega que se traduce aquí por «conmemoración» tiene connotaciones mucho más fuertes en la antigua cultura hebrea. Dada su fuerza original, las palabras de San Pablo evocan una «re-llamada», no sólo un recuerdo, sino una re-actualización, una re-presentación. Esta comida es sin lugar a dudas la Presencia Real de Jesucristo: Cuerpo, Sangre, Alma y Divinidad. San Pablo habla en otro lugar de la comida de la alianza con el mismo realismo. «El cáliz de bendición que bendecimos, ¿no es la comunión de la sangre de Cristo?

---

[7] Sobre el intenso realismo del «recuerdo» en varios pasajes del Antiguo y del Nuevo Testamento, cf. F. Chenderlin, *«Do this as My Memorial»: The Semantic and Conceptual Background of «Anamnesis» in 1 Corinthians 11,24-25*, Pontifical Biblical Institute, Roma 1982; B. Childs, *Memory and Tradition in Israel*, SCM Press, London 1962; M. Thurian, *The Eucharistic Memorial*, 2 vols., John Knox Press, Richmond, Va. 1961.

Y el pan que partimos, ¿no es la comunión del cuerpo de Cristo?» (*1 Cor* 10, 16). «Así pues, quien come el pan y bebe el cáliz indignamente, será reo del cuerpo y de la sangre del Señor... Pues el que come y bebe sin discernir el cuerpo, come y bebe su propia condenación» (*1 Cor* 11, 27. 29).

En esta comida de la nueva Alianza, salimos de las sombras de la metáfora para entrar en la misma imagen y realidad de la gloria de Dios. Nuestro parentesco con Dios es tan real que su misma sangre fluye por nuestras venas. Asimilamos su carne en la nuestra. En la comida de la nueva Alianza, la Familia de Dios come el Cuerpo de Cristo y así se *convierte* en el Cuerpo de Cristo. Así es como quiso Dios que nos hiciéramos hijas e hijos en su único Hijo eterno. «Los hijos participan en la carne y en la sangre» (*Heb* 2, 14), «conformados a la imagen de su Hijo» (*Rom* 8, 29). Por la gracia somos imagen y semejanza de Dios, su familia de sangre.

7. UNA LLAMADA CERCANA

Los cristianos de hoy apenas se dan cuenta de la gloria que reciben en la comida de la nueva Alianza: la Eucaristía, la Misa. Se trata de una intimidad inimaginable. Hace mucho tiempo un cristiano de Tesalónica, Nicolás Cabasilas, escribió que «su unión [de Cristo] con los que ama supera toda unión que podamos concebir»[8]. Es la relación familiar más cercana

---

[8] N. Cabasilas, *La vida en Cristo*, 4.ª ed., Rialp, Madrid 1999, p. 23s.

posible: más próxima que la de la madre con el hijo, más cercana que la relación marido-mujer o entre dos hermanos gemelos... ¡y une a un humilde ser humano con Dios todopoderoso! Cabasilas va tan allá que llega a decir: «¿hay algo más unido que uno consigo mismo? ¡Pues, todavía, esta intimidad es inferior» a la unión de Dios con el creyente!

¿Cómo puede suceder esto? En nuestra comunión de carne y sangre con Jesús, recibimos la gracia, el poder, de vivir como Él vive, de amar como Él ama, y por tanto de darnos completamente entregándonos por otro..., por Cristo mismo. Recibimos la fuerza para vivir como Adán no quiso vivir cuando se negó a morir. Porque recibimos la gracia de vivir y morir como Jesús vivió y murió. Podemos hacerlo porque ahora vivimos y morimos en Jesús. Entregando nuestra vida como Él entregó la suya, imitamos la vida íntima de Dios, que es autodonación total. «Pues quien quiera salvar su vida la perderá», dijo Jesús: «y el que pierda su vida por mí, la encontrará» (*Mt* 16, 25).

Esta vida que «encontramos» es eterna, no simplemente sin fin, porque es la vida misma de Dios. Sólo Dios es eterno. Con razón se referían los primeros cristianos a «la alianza nueva y eterna»; y con razón llamaban a nuestra redención una «nueva creación». Porque Dios mismo se hizo un nuevo Adán por nosotros, y es a *su* imagen y semejanza como somos re-creados en el bautismo y en la sagrada Comunión, los dos sacramentos principales de su nueva Alianza.

Cuando Dios hizo al hombre por primera vez, nos hizo del polvo. Ahora nos vuelve a hacer de su propia carne y sangre, y hace que participemos de su «Espíritu vivificador» (*1 Cor* 15, 45). Somos, por fin, carne de su carne.

8. BAJA SI QUIERES SUBIR

Éste era el plan de Dios desde el principio, el plan que Adán no logró completar. Pero hemos de tener cuidado para entender el pecado original correctamente, puesto que si no lo hacemos, no podremos entender la Encarnación. No es que Dios perdiera los primeros asaltos contra el diablo antes de que mandase a su Hijo al ring para ganar el combate. Dios nunca pierde. Desde el principio conocía el final, y desde el principio actuó con ese final en mente.

En el principio, le dio a Adán la libertad para ofrecerse a sí mismo por su amada. Sin gracia y libertad, Adán no podría haberse dado a sí mismo realmente, no podría haber amado, y no podría haber imitado la vida íntima de la Trinidad[9]. Adán eligió libremente

---

[9] Para un tratamiento lúcido del marco teológico de Santo Tomás de Aquino para entender cómo el ofrecimiento voluntario de Adán de la vida natural podría haber perfeccionado su vida sobrenatural, cf. Leget, *Living with God*, pp. 67-228. «Por tanto el de Aquino puede declarar que comparado con la vida de la gracia, la vida natural no es casi nada» (p.87). «El aquinate señala que mucha gente teme más los castigos corporales que los espirituales. Que la pérdida de la vida de la gracia es infinitamente más indeseable que la pérdida de la vida corporal, no es evidente para aquellos que están familiarizados únicamente con los bienes sensibles o corporales» (p. 93). «Más aún, Tomás de Aquino despeja toda duda de que uno debería alcanzar la caridad celestial en esta vida: ésta es de un orden diferente y no una simple extrapolación del amor terreno... La virtud de la caridad se perfecciona por el don de la *sapientia*. El don de la sabiduría nos permite considerar la causa más

una vida menor, la vida de un esclavo desobediente, y no la de un hijo.

Dios sabía, sin embargo, cómo restauraría su familia humana, en la plenitud de los tiempos. Lo predijo con un detalle asombroso en el único pasaje del Antiguo Testamento que se refiere a la nueva Alianza:

> «He aquí que vienen días —oráculo del Señor— en que yo haré una nueva alianza con la casa de Israel y la casa de Judá, no como la alianza que hice con sus padres cuando, tomándolos de la mano los saqué de la tierra de Egipto, pues ellos quebrantaron mi alianza y yo los rechacé —oráculo del Señor—. Porque ésta será la alianza que yo haré con la casa de Israel después de aquellos días, oráculo del Señor: Yo pondré mi ley en su interior y la escribiré en su interior, y seré su Dios, y ellos

---

alta por la que todas las demás cosas pueden ser juzgadas y a donde pueden dirigirse» (pp. 165-166). «Esta unión tiene un impacto en la apreciación de la vida en la tierra y en la actitud ante la propia muerte. Las virtudes teologales despliegan un dinamismo por el que uno se centra cada vez más en Dios en vez de en sí mismo» (p. 166). «Ahora, cuando la vida corporal se sacrifica por la vida de la gracia, la vida natural... se sacrifica... Pero esto no es irracional: la vida de la gracia es de un valor infinitamente mayor que la vida natural... El final de la vida natural implica el final del *status merendi*, el estado en que el hombre desarrolla su relación con Dios a través de la acción moral... Por tanto, este acto de fe, esperanza y caridad es finalmente escatológico y la mayor expresión de amor y confianza en Dios que cabe pensar. En la acción del mártir el grado más alto de caridad... se relaciona directamente con el mayor signo de amor que uno puede exhibir por su prójimo (*Jn* 15, 13). Esta acción de la más alta perfección ha de considerarse como la obra del Espíritu: una misión invisible o la nueva inhabitación en el alma humana. Al dar la vida corporal de esta manera, uno entra directamente en la vida de Dios» (pp. 179-180).

112

serán mi pueblo. No tendrán que enseñarse unos a otros ni los hermanos entre sí, diciendo: "Conoced al Señor", sino que todos me conocerán, desde los pequeños a los grandes, oráculo del Señor, porque les perdonaré sus maldades y no me acordaré más de sus pecados» (*Jer* 31, 31-34).

La nueva Alianza no reemplaza a la antigua, sino que la completa, la perfecciona y la transforma. Mientras no veamos todas las antiguas alianzas a la luz de la realidad Eucarística de la Nueva, no podremos entender qué sucedió al principio..., ni podremos conocer nuestro destino para toda la eternidad.

VIII. VIDA EN LA TRINIDAD

Con la nueva Alianza llegó una nueva forma de vivir. Era patente, después de todo, que el pueblo de Dios no podía guardar las exigencias de la antigua alianza. Una y otra vez, habían fracasado en el cumplimiento de las sucesivas promesas; una vez tras otra, se habían atraído las maldiciones de la alianza. Algo tenía que cambiar.

Jesús mismo habló de este cambio al comienzo de su ministerio, cuando pronunció el Sermón de la Montaña (cf. *Mt* 5). En ese sermón citó seis veces preceptos de la antigua ley: «Habéis oído que se dijo a los antiguos...». Pero aparentemente sólo citó estos preceptos para contradecirlos. Concluye cada cita con: «Pero yo os digo...».

En ese momento, que un rabino contradijera la ley era algo escandaloso. Los rabinos eran ancianos maestros e intérpretes de la ley de Israel, que Moisés había recibido directamente de Dios. Decir que tendían a ser modestos y conservadores en sus predicaciones es quedarse corto. Pero el caso es que Jesús se puso a decir que la antigua ley, que la nación había recibido de Dios, ya no era suficiente.

Puesto que Israel no había conseguido vivir el nivel mínimo de la antigua ley, cabría esperar que Jesús exigiera mucho menos con la nueva, que plantease una alianza que fuera más fácil de guardar.

Sin embargo, nada podría estar más lejos de la verdad de lo que Él proponía. En efecto, *no* negó ninguno de los preceptos de la vieja ley. Al contrario, pidió a sus oyentes un nivel aún más alto. Fue más allá de la antigua ley, no contra ella.

«Habéis oído que se dijo a los antiguos: "No matarás; y el que matare será reo de juicio". Pero yo os digo que todo el que se irrita contra su hermano será reo de juicio; el que le insultare será reo ante el Sanedrín y el que le dijere "loco" será reo de la gehena del fuego» (*Mt* 5, 21-22).

¡Es increíble! Con relación a los pecados, Dios ya no se limitaba a decir: «No hagas eso». Ahora, en Cristo, estaba diciendo: «Ni siquiera lo *pienses*». Es especialmente llamativo si consideras el historial del pueblo de la alianza de Dios. Lo habían pasado bastante mal intentando no *cometer* transgresiones. Ahora venía Jesús, y les proponía pasar de la simple dificultad a lo claramente imposible.

De hecho, en otro contexto similar, los que oían a Jesús plantearon este mismo problema:

«Oyendo esto los discípulos se quedaron estupefactos y dijeron: ¿Quién pues podrá salvarse? Mirándoles Jesús, les dijo: para los hombres es imposible, mas para Dios todo es posible» (*Mt* 19, 25-26).

1. El don que sigue dando

La ley de la nueva Alianza no es que incluya todo sin más; es que lo abarca todo. Requiere no sólo nuestras acciones, sino nuestros pensamientos y palabras, no sólo el cuerpo, sino también el corazón, la mente, el alma y el espíritu. En resumen, la nueva Alianza exige que la gente se entregue en la misma medida en que lo hace Dios, es decir, totalmente. Sin embargo, el premio sobrepasa cualquier cosa. El premio consiste en recibir la vida misma de Dios, amar como Dios ama, con «su propia gloria y virtud» y «todas las cosas que tocan a la vida y a la piedad» (*2 Ped* 1, 3). La recompensa por nuestra entrega total es la total entrega de Dios, en un amor y felicidad perfectos y sin término. Solamente si damos como Dios da, podemos vivir como Dios vive.

Dios quiere que seamos nada menos que «partícipes de la naturaleza divina» (*2 Ped* 1, 4). Pero, ¿cómo podemos conseguirlo? A nosotros, la vida divina no nos «llega de forma natural». Tenemos una naturaleza *humana*, y las cosas *humanas* son las que nos llegan de forma natural. Comemos, dormimos, nos reunimos y procreamos sin necesidad de recibir largas clases de antemano. Pero la vida abundante, la felicidad perfecta —vivir en la Familia de la Trinidad—, no es que esté meramente más allá de nuestras posibilidades; nos resulta inconcebible.

La vida de la familia divina conviene naturalmente sólo a la Trinidad. Por tanto, a Jesucristo le llega de forma natural, puesto que es eternamente «uno en el ser con el Padre». Su naturaleza es divina, y *sólo* Él es Hijo de Dios por naturaleza. Así que si tenemos que convertirnos en hijos de Dios por adopción, hemos de ser rehechos a imagen de Cristo. Entonces el Padre puede ver y amar en nosotros lo que ve y ama en Cristo. Como hemos tratado en el capítulo anterior, este rehacer, esta nueva creación, tiene lugar a través de los sacramentos. En ellos somos elevados *sobre nuestra naturaleza*, que es la definición exacta de «sobrenatural». Para nosotros, simples mortales, la vida divina sólo puede llegarnos como un don sobrenatural, una gracia, y eso es precisamente lo que recibimos en los sacramentos[1].

Por si piensas que me lo estoy inventando, quiero transcribir la enseñanza de la Iglesia católica a este respecto, tal como viene expuesta en un documento reciente:

«Por el santo bautismo somos hechos hijos de Dios en su Unigénito Hijo, Cristo Jesús. Al salir de las aguas de la sagrada fuente, cada cristiano vuelve a escuchar la voz que un día fue oída a orillas del río Jordán: "Tú eres mi Hijo amado, en ti me complazco" (*Lc* 3, 22); y entiende que ha sido asociado al Hijo predilecto, llegando a ser hijo adoptivo (cfr. *Gal* 4, 4-7) y hermano de Cristo. Se cumple así en la historia de cada uno el eterno designio del Padre: "a los que de antemano conoció, también los predestinó a reproducir la imagen de su Hijo, para que Él fuera el primogénito entre muchos hermanos" (*Rom* 8, 29)»[2].

Para nuestro Padre celestial somos más que simples desconocidos que se parecen enormemente a su

---

[1] J. A. DiNoia, O. P., «Moral Life as Transfigured Life», en J. A. DiNoia, O. P., y R. Cessario, O. P. (eds.), *Veritatis Splendor and the Renewal of Moral Theology*, Midwest Theological Forum, Chicago 1999, p. 5.

[2] Juan Pablo II, Exh. Ap. *Christifideles laici*, 30-XII-1988, n. 11.

Hijo. Somos, literalmente, sus hijos. Escucha a San Agustín, citado en el mismo documento de la Iglesia: «¡Alegrémonos y demos gracias: hemos sido hechos no solamente cristianos, sino Cristo... Pasmaos y alegraos: hemos sido hechos Cristo!»[3].

Recuerda, una vez más, el tema del capítulo anterior. A través de los sacramentos, puedes disfrutar de una unión con Cristo más cercana que con ninguna otra persona, ¡incluido tú mismo! Es a través de esta comunión como llegamos a vivir la divina comunión con la Santísima Trinidad.

2. HIJOS DE UN BIEN MENOR

Es también mediante esta comunión como recibimos la fuerza para vivir de acuerdo con la nueva Alianza. Es por la «gloria y excelencia», «vida y piedad» de Dios como podemos vivir sin pecado, como Cristo vivió, porque vivimos «en Cristo» (cf. *Ef* 2, 16) y Cristo vive en nosotros (cf. *Gal* 2, 20).

Por lo demás, ¿qué quiere decir apartarnos de la elección que hizo Adán? A fin de cuentas, nos encontramos con las mismas opciones que él afrontó: morir completamente a nosotros mismos y vivir para siempre en la Trinidad; o vivir un poco más en la tierra, en nuestro estado natural y mortal.

No debemos minimizar esta decisión. Lo que Adán quería era, en sí mismo, bueno. De hecho, era muy bueno. Quería estar sano y salvo. Quería con-

---

[3] Juan Pablo II, Exh. Ap. *Christifideles laici*, n. 17, citando a San Agustín, *Tratados sobre el Evangelio de Juan* 21, 8.

servar la vida. Se trata de cosas buenas y nobles. Dios mismo había impreso este deseo en la naturaleza humana. Es más, Dios lo había confirmado en el hombre cuando ordenó a Adán que «guardase» el Jardín del Edén. Guardar algo es, por definición, asegurar su salud, seguridad y conservación.

Lo que Adán quería, entonces, eran cosas buenas. Pero no eran los bienes más altos. No eran suficientemente buenos. La malicia del pecado de Adán consistió en que eligió un bien menor. Eligió la propia conservación antes que la entrega a los demás. Prefirió los dones antes que al donante.

Escogiendo un bien menor, escogió una vida menor... y la muerte espiritual. Por la elección de Adán, la creación de Dios se paró sin haber alcanzado la perfección. Dios le había creado para la vida divina en la Trinidad; pero Adán no llegó a ser todo lo que Dios había querido que fuera, porque decidió no poner por obra el *amor que da vida* de Dios.

Cuando Adán dejó que le gobernaran terribles instintos y soberbias pasiones, eliminó todo el sistema humano de golpe. Decidió satisfacer un impulso, un instinto, más que actuar de buena fe. Y eso es lo que escogemos cada vez que decidimos pecar. Optamos por una satisfacción momentánea en lugar de la felicidad duradera. A partir de la Caída, nosotros, los humanos, sólo somos capaces de conseguir autodominio con gran esfuerzo y dificultad, poco a poco.

3. EL AMOR ES UN CAMPO DE BATALLA

Dios nos formó a todos nosotros, como formó a Adán, con sanos deseos de muchas cosas: comida, sueño, sexo, recursos materiales y el amor y respeto de otra gente (por mencionar sólo unos pocos). Hizo todas estas cosas para deleitarnos. Pero, por la elección de Adán, nuestro apetito de esos bienes está desordenado, no está sincronizado con la razón y la realidad. Queremos más comida de lo que es bueno para nosotros. Deseamos mejor resguardo del que necesitamos para mantenernos calientes y secos. Queremos más sexo del que requieren los objetivos de la comunión entre los esposos y la procreación. Es esta debilidad la que mantiene nuestros ojos fijos en la tierra y nos hace elegir repetidamente un rápido apaño para nuestros antojos, más que la vida eterna en la Trinidad.

La única salida que tenemos es disciplinar nuestros apetitos; repito, no porque las cosas que queremos sean malas, sino precisamente porque son muy buenas, pero estamos inclinados a hacer mal uso de ellas. Las cosas creadas están hechas para enseñarnos algo acerca del creador. Por ejemplo, vimos al principio de este libro que la comunión conyugal es una analogía natural de la comunión trinitaria. Así que el sexo fue hecho para enseñarnos acerca de Dios y guiarnos hacia Dios. Sin embargo, si tratamos el sexo o cualquier otro bien como fines en sí mismos, pueden distraernos de Dios y conducirnos al pecado. Como reza el refrán, el camino al infierno está empedrado de buenas intenciones, y emprendemos ese camino cuando elegimos bienes naturales menores antes que los más grandes y sobrenaturales.

La definición clásica describe el *pecado* como apartarse de Dios y volverse hacia las criaturas, hacia un bien menor. Adán no es el único que hace esa elección. Es la elección que hemos hecho todos. La Biblia nos dice que hasta el justo cae siete veces al día (cf. *Prov* 24, 16). Y todos nuestros pecados, sean grandes o pequeños, nos debilitan, nos disponen a cometer cada vez más pecados.

Ésta es la locura de nuestra caída de la gracia. Elegimos baratijas en lugar de la Trinidad, placeres momentáneos antes que la vida eterna. Es completamente irracional, pero ése es el estado de la gente que sigue sus impulsos carnales en vez de la razón auxiliada por la gracia.

En último término, no se trata de prescindir del sacrificio por los bienes terrenales. Porque toda elección implica un sacrificio. Todo «sí» conlleva un correspondiente «no»: «sí» a esto y «no» a lo otro. Así que hasta nuestros amores humanos requerirán sacrificio. La única elección real a la que nos enfrentamos es la siguiente: sacrificar nuestra vida corporal por el verdadero amor, o sacrificar la vida eterna por el placer de aquí y ahora. Si elegimos lo segundo, damos la espalda a Dios para precipitarnos de cabeza en un remolino, hacia la muerte cierta.

Y ¿por qué? El novelista ruso Fiodor Dostoievsky escribió sobre un revolucionario que iba a traicionar a sus compañeros por conseguir un cigarrillo. Hasta ese punto le había conducido su adicción a la nicotina.

Pero ésa era también la elección de Adán. El amor verdadero exigía su martirio, mientras que el desordenado amor a sí mismo le impulsaba a salvar su pellejo. Prefirió salvar el pellejo.

El constante tirón de nuestras pasiones nos lleva en la misma dirección hacia abajo: hacia las propias compensaciones y a alejarnos de la entrega. El revolucionario estaba dispuesto a traicionar a sus camaradas. Adán estaba dispuesto a traicionar a su mujer. No debemos subestimar nunca nuestras propias debilidades y el daño que pueden hacer.

4. REALIDAD VIRTUOSA

Aunque seamos conscientes de nuestra debilidad, debemos, con todo, aumentar también nuestra fortaleza. Lo hacemos, antes que nada, mediante los sacramentos, y también mediante el cultivo de buenos hábitos, o virtudes.

La santidad, o la perfección de la vida cristiana, significa conformarnos a la imagen de Jesucristo. Según San Pablo, ésta es la condición de los miembros de la Familia de Dios. «Porque a los que de antes conoció, a ésos los predestinó a ser conformes con la imagen de su Hijo, para que éste sea el primogénito entre muchos hermanos» (*Rom* 8, 29).

En su vida terrena, Jesús fue «tentado a semejanza nuestra, fuera del pecado» (*Heb* 4, 15). Nosotros, también, aunque somos tentados con frecuencia, deseamos estar sin pecado como Cristo, para vivir, ya ahora, en la familia divina. Necesitamos, por tanto, vivir como Jesús vivió, primero recibiendo su vida en la Sagrada Comunión, e imitando después su vida en todos nuestros pensamientos, palabras y obras. El primero de los medios para esta vida, los sacramentos, nos fortalece para el segundo: los hábitos de virtud.

Con nosotros, la virtud puede parecernos imposible, «pero con Dios todo es posible». Esto puede ayudarnos a pensar, como hicieron los primeros cristianos, que nuestro crecimiento en la vida cristiana es un proceso de desarrollo: «hasta que lleguemos todos... al varón perfecto, a la medida de la plenitud de Cristo» (*Ef* 4, 13).

Nuestra vida en Cristo nos forma para el amor de autodonación que está en el núcleo de la familia trinitaria. Podemos observar cómo esta gradual negación de nosotros mismos acompaña al proceso de madurez, incluso en las familias terrenas.

La vida familiar comienza cuando un hombre y una mujer se casan. En el matrimonio los esposos dejan gradualmente sus preferencias, enfados, intimidad y espacio personal para compartir la vida con el ser querido. Se trata de un proceso lento, y no siempre es sencillo. Es más, antes de que este proceso se complete, la pareja embelesada debe estar preparada para mirar más allá de ese mundo cerrado en ellos mismos, y cuidar de un niño. El niño, por su parte, sólo está comenzando su proceso de maduración, y llora para satisfacer sus necesidades más inmediatas: que le alimenten, le arropen, le cambien, le hagan caso.

Pero el amor hace algo memorable en un buen hogar. La persona singular, la pareja, el bebé, se van conformando gradualmente a *la familia*, precisamente gracias a la entrega de sí mismos. La paz doméstica depende de la adaptación de cada uno al hogar familiar. El fracaso, la disfunción familiar es lo que ocurre cuando una o más personas no se adaptan y, sistemáticamente, se eligen a sí mismas sobre los demás.

La compensación aplazada es, por tanto, un signo de madurez. Un niño no puede concebir tal aplazamiento. Medimos en parte el desarrollo de un bebé por su capacidad para esperar el bien y las cosas necesarias de la vida. La paz familiar depende de que aprenda estas lecciones.

Pero las parejas jóvenes también tienen que aprenderlas. Primero como personas y después como pareja, deben aprender que su propia felicidad debe estar integrada en una felicidad más grande, la felicidad familiar. Más aún, deben aprender que su felicidad individual es impensable al margen de la felicidad familiar. Si aprenden bien la lección, se darán cuenta de que son más felices cuando hacen felices a los demás.

Decía San Cirilo de Alejandría: «La buena voluntad de servir nos invita a la libertad y al honor que es el privilegio especial de los hijos; pero la desobediencia nos humilla y rebaja a la más vergonzosa servidumbre, si es verdad, como ciertamente lo es, que todo el que peca es esclavo del pecado»[4] (cf. *Rom* 6).

5. POSEERNOS PARA ENTREGARNOS

La entrega de uno mismo caracteriza la forma de integración en cualquier familia. En la familia Trinitaria, esto es cierto en su máximo grado.

A partir de aquí, podemos darnos cuenta de la moralidad que está implícita en nuestra vida de hijos de Dios. Nos negamos a nosotros mismos —deseos, impulsos, inclinaciones—, a imitación de Cristo. Nos

---

[4] S. Cirilo de Alejandría, *Comentario al Evangelio de san Lucas.*

entregamos totalmente a imitación de Dios. Tomamos nuestra cruz *diariamente* y le seguimos. No es una decisión de un momento. Debemos hacer el ofrecimiento de nosotros mismos cada mañana y renovarlo en todas las acciones del cuerpo y en cada movimiento del corazón y de la mente. Dios vive su autodonación completamente, eternamente, de una vez por todas. Nosotros, en el tiempo y en el espacio, debemos hacerlo de forma creciente, poco a poco. San Ireneo lo dijo poéticamente: «Por este plan... el hombre, un ser creado y organizado, ha de hacerse imagen y semejanza del Dios increado,... haciendo progresos día a día, y ascendiendo hacia lo perfecto, esto es, aproximándose al Increado. Porque el Increado es perfecto, es decir, Dios»[5].

La negación de uno mismo no es, por tanto, una tapadera para la falta de autoestima, sino el medio necesario para alcanzar el autodominio; y el dominio de uno mismo hace posible nuestra entrega y nuestra realización personal. Desde este punto de vista, el pecado no es querer demasiado, sino ¡resignarse con demasiado poco! Conformarse con la autocompensación en vez de con la autorrealización.

Nos poseemos a nosotros mismos y de esta forma podemos entregarnos, para llegar a ser nosotros mismos. Ésta es la esencia de nuestra vida Trinitaria. Si ha de ser nuestra propia vida familiar, debemos vivir con arreglo a ella. Tenemos que convertirnos en Cristo, para poder darnos al Padre en libertad verdadera, sin obstáculos ni estorbos, sin apegos a amores terre-

---

[5] S. Ireneo, *Contra las herejías*, 4. 38. 3.

nos o a bienes terrenales, y sin la debilidad de Adán. La vida moral es nuestro perfeccionamiento gradual en esta comunión, que nos prepara para el cielo, incluso ahora en la tierra.

6. Simón dice: vive como Dios

En este capítulo he citado el primer capítulo de la segunda Carta de Pedro. Pocos pasajes de la Biblia expresan los términos de la nueva Alianza con tanta fuerza y claridad. En unos pocos versículos está todo: el poder de la gracia, la vida divina, las promesas de la alianza, los efectos del pecado de Adán, el remedio de nuestra debilidad, nuestras relaciones familiares y la recompensa final.

Simón Pedro conocía la vida para la que fuimos creados: la vida en la Trinidad. Veámoslo todo seguido:

Su divino poder nos ha concedido
todas las cosas que tocan a la vida y a la piedad,
mediante el conocimiento del que nos llamó
a su propia gloria y potencia,
y nos hizo merced de sus preciosos y sumos bienes
prometidos para que por ellos
os hagáis partícipes de la divina naturaleza,
huyendo de la corrupción
que por la concupiscencia existe en el mundo.
Por esta razón, poned todo empeño en añadir
a vuestra fe, virtud,
a la virtud, ciencia,
a la ciencia, templanza,

a la templanza, paciencia,
a la paciencia, piedad,
a la piedad, cariño fraterno,
y al cariño fraterno, caridad...
Por lo cual, hermanos, tanto más procurad
asegurar vuestra vocación y elección
cuanto que haciendo así jamás tropezaréis,
y se os otorgará ampliamente
la entrada al reino eterno
de nuestro Señor y Salvador Jesucristo.

(*2 Ped* 1, 3-7. 10-11).

IX. EN LA IGLESIA COMO EN CASA

Justo antes de su pasión y muerte, Jesús dijo algo sorprendente. Dijo a sus discípulos: «no os dejaré huérfanos» (*Jn* 14, 18). Algunas traducciones vierten la última palabra como «desolados», pero la palabra griega es *orphanous*, que significa, literalmente, un niño sin padre ni madre. En la antigüedad, huérfanos eran aquellos que no tenían familia que cuidara de ellos, ni lugar donde vivir. Estaban desolados, marginados por las circunstancias, los más pobres de los pobres.

Como Jesús se estaba yendo, conocía las inquietudes que sentirían sus discípulos. Durante tres años Él había sido su familia: una figura de padre, un patriarca, un hermano mayor. Quería asegurarles que no les dejaría sin hogar o sin una familia.

Se trata de un sentimiento bienintencionado, pero que resulta bastante raro viniendo de Alguien que había enseñado a la gente a llamar a Dios «Padre», y que les diría más tarde: «Yo estaré con vosotros hasta el final de los tiempos» (*Mt* 28, 20). Si Dios era su Padre, y Jesús, su hermano, iba a estar siempre con ellos, ¿por qué habrían de considerarse huérfanos aquellos primeros cristianos? ¿Por qué iban a necesitar esa promesa de Jesús?

1. Hey Judea

Piensa por un momento en lo que les iba a pasar a los discípulos de Jesús. No sólo les sería arrebatado su maestro, sacrificado en la cruz, para alzarse de nuevo y ascender al cielo, sino que además se iba a derrumbar, en una sola generación, el mundo tal como ellos lo conocían. Recuerda que la Tribu de Judá, aunque sujeta a Roma, había permanecido como una única unidad familiar, la familia depositaria más duradera y con más éxito de la historia. Los de Judea, los judíos, estaban unidos por lazos de sangre y de alianza. La vida de los descendientes de Israel se caracterizaba por su lugar en la familia y por las exigencias de la alianza. La familia depositaria definía el oficio que desempeñaban, las tierras que habitaban, las guerras en las que luchaban y los sacrificios que ofrecían a Dios. Como personas particulares, los judíos no podían concebirse a sí mismos al margen de su parentela. Como miembros de una familia, no podían concebirse a sí mismos al margen de la alianza, que les definía como miembros de la familia.

Pero todo esto iba a acabar pronto, y Jesús lo sabía. En el año 70 d. C., cuarenta años después de la ascensión de Jesús, las tropas del emperador romano Tito asolaron Jerusalén, destruyendo el Templo y dispersando a la población. No debemos subestimar lo que supuso esta devastación, no sólo para Judea sino para todos y cada uno de los judíos. Era el final no sólo de sus esperanzas nacionalistas, sino de su forma de vida y de culto, de su cultura y de su identidad familiar, que era su identidad más fundamental ante Dios. Jerusalén era más que la capital de Judea y un lugar de peregrinación. La antigua Jerusalén era una *madre* para todos los israelitas, una *metrópoli*, palabra que en griego significa «ciudad madre» (cf. *2 Sm* 20, 19).

Por tanto, Jesús necesitaba confirmar a esos primeros cristianos, que eran israelitas también, que siempre tendrían un hogar, que habría una nueva Alianza, que aunque la familia depositaria estaba desapareciendo, una mayor surgiría en su lugar. No les dejaría huérfanos.

2. UNA ESPOSA, UN CUERPO

Sin la Tierra prometida, ¿cuál podría ser su hogar? Fuera del Templo, ¿dónde podría ofrecer sacrificios el pueblo de Dios? ¿Dónde sellarían y renovarían la alianza familiar?

Ésas eran las preguntas de la primera generación de cristianos. En el Nuevo Testamento, los apóstoles Pablo, Pedro, Juan y Santiago se preocupan en gran medida por asentar en sus escritos la continuidad entre la familia de la nueva Alianza de Dios y su «primogénito», Israel. Como buenos israelitas, cuidaron de incorporar a la nueva Alianza los términos de la vida familiar. Sabían que, sin tales términos, no podía haber alianza.

Las antiguas alianzas habían ido ampliando la familia de Dios cada vez a más gente, pero habían anticipado también una alianza por la que la casa de Dios alcanzaría a *todos* los pueblos. Dios juró a Abrahán: «y en tu posteridad serán benditas *todas* las naciones de la tierra» (*Gn* 22, 18). Isaías profetizó que llegaría un día en que «la casa del Señor será consolidada por cabeza de los montes, y será ensalzada sobre los collados, y se apresurarán a ella *todas* las gentes» (*Is* 2, 2). El profeta Malaquías tuvo la misma visión, de un día en que «desde la salida del sol hasta el ocaso es grande mi nombre [de Dios] entre las gentes, y en todo lugar ha de ofrecerse a mi nombre un sacrificio humeante y una oblación pura» (*Mal* 1, 11).

El lugar de este ofrecimiento, según Jesús, tenía que ser su Iglesia. Dijo a sus discípulos: «sobre esta roca», refiriéndose a Pedro, «construiré mi Iglesia» (*Mt* 16, 18). Por tanto, para los apóstoles la Iglesia era el legado vivo de Cristo, el lugar donde su único sacrificio sería ofrecido en todos los lugares de la tierra, desde Oriente hasta Occidente. La Iglesia sería el lugar de la Eucaristía, el lugar del bautismo. Para los cristianos, la Iglesia sería el hogar, el lugar de la alianza, que a fin de cuentas es sellada por el bautismo y renovada en la Eucaristía.

En el Nuevo Testamento, los apóstoles utilizan acentos místicos cuando hablan de la Iglesia, y nadie más que San Pablo, que la llama expresamente un «misterio» (*Ef* 5, 32). ¿Cómo de grande es el misterio? Es tan grande, que los ángeles en el cielo deben aprender la sabiduría de Dios partiendo de la Iglesia y a través de la Iglesia (cf. *Ef* 3, 10).

Pero se trata de la Iglesia construida por gente como tú y como yo. En sus cartas, San Pablo usaba dos imágenes para describir la Iglesia: es la Esposa de Cristo y su Cuerpo[1]. Ahora no te sorprenderá saber

---

[1] P. Andriessen, O.S.B., «The New Eve, Body of the New Adam», en J. Giblet et al., *The Birth of the Church: A Biblical Study*, Alba Hou-

que esas dos imágenes, juntas, tienen sentido sólo en el contexto de los primeros capítulos del libro del Génesis. Más aún, Pablo cita incluso el pasaje del Génesis que reconcilia esas dos imágenes aparentemente contradictorias: «Por esta razón el hombre dejará a su padre y a su madre y se unirá a su mujer, y los dos serán una sola carne» (*Ef* 5, 31; *Gn* 2, 24). Cuando Adán vio a Eva, exclamó que ella, por fin, era «hueso de mis huesos y carne de mi carne» (*Gn* 2, 23). Y eso es lo que Cristo dice cuando mira a la Iglesia, su esposa, que le asimila en la comunión eucarística. Como atestiguó Juan: «Yo vi la ciudad santa, la nueva Jerusalén, bajando del cielo de Dios, adornada como una novia para su marido» (*Ap* 21, 2).

En suma, Pablo no se equivocó con sus metáforas; la Iglesia es la Esposa y el Cuerpo de Cristo, como Eva fue la esposa de Adán y carne y hueso de su cuerpo.

Por medio de la Iglesia, Dios proporciona el momento que toda la creación ha estado anhelando, desde que Dios creara al hombre. En la Iglesia, Dios dio a Israel y a los gentiles una familia depositaria y un reino que duraría por siempre, fiel a las alianzas.

3. Sin Iglesia, no hay Padre

En el bautismo, la Iglesia da un nuevo nacimiento a los creyentes, y por tanto la Iglesia es también lla-

se, Staten Island, N.Y. 1968, pp. 111-139; C. Chavasse, *The Bride of Christ: An Enquiry into the Nuptial Element in Early Christianity*, Religious Book Club, London 1939.

mada «madre». Una vez más, esto no contradice su condición de «esposa». Recuerda que la unión entre Cristo y los creyentes es tan estrecha que sobrepasa todas las analogías con las experiencias familiares terrenas. Lo cual no significa que derogue esas analogías; más bien, las completa, a todas y cada una. La Iglesia ama como madre y como esposa. El profeta Isaías lo anunció, también, cuando dijo a Israel: «No te llamarán ya más la "Desamparada"... sino que te llamarán "Mi complacencia en ella", y a tu tierra "desposada". Como mancebo que se desposa con una doncella, así tus hijos se desposarán contigo. Y como la esposa hace las delicias del esposo, así harás tú las delicias de tu Dios» (*Is* 62, 4-5).

Los primeros cristianos amaban a la Iglesia por su maternidad. En el siglo segundo y tercero, Tertuliano de Cartago se refería a la «señora Madre Iglesia»[2]. En la siguiente generación, el gran San Cipriano declaraba: «no puede tener a Dios por Padre quien no quiera tener a la Iglesia como madre»[3]. En otro lugar, añadió: «Es una madre repleta de frutos. De su seno hemos nacido, por su leche hemos sido alimentados, por su espíritu hemos sido animados»[4].

Como había prometido Cristo en el discurso de despedida de sus discípulos, no los dejaría huérfanos. Les dejó una Iglesia para que fuera su madre. Y la unión entre la Iglesia y los creyentes es más estrecha

[2] Tertuliano, *Ad Martyras* 1. Cf. J. C. Plumpe, *Mater Ecclesia: An Inquiry into the Concept of the Church as Mother in Early Christianity*, Catholic University of America Press, Washington, D.C., 1943.

[3] San Cipriano, *La unidad de la Iglesia*, 6.

[4] San Cipriano, *La unidad de la Iglesia*, 5.

aún que entre la embarazada y su bebé, entre la madre que acaba de dar a luz y su hijo recién nacido. En la Iglesia, los creyentes están unidos a más no poder con los demás y con Cristo, el esposo. En la Iglesia, los cristianos viven totalmente en Cristo, por la fuerza de sus sacramentos..., y así gozan de la vida de la Trinidad, el cielo mismo, incluso en la tierra.

4. Esta familia que funciona

La familia de Dios proporciona también una íntima experiencia de fraternidad en la Comunión de los Santos, que es la familia de la alianza de la Iglesia, a través del tiempo y del espacio. «Hacerse discípulo de Jesús es aceptar la invitación a pertenecer a la *familia de Dios*» (CCE n. 2233). En este contexto, podemos entender el cuidado que tienen los santos del cielo por la gente de la tierra, y podemos entender también los desvelos de la Iglesia terrena por las almas de los fieles difuntos, que se están purificando para la vida celestial. Porque los miembros de la Iglesia son hermanos en una familia fuertemente unida.

En la familia sobrenatural de los santos, María ocupa un lugar preeminente[5]. De todas las criaturas, sólo María está directamente emparentada con Dios por un lazo natural de alianza familiar. Ella es la madre de Jesús, a quien dio su propia carne y sangre. Este vínculo hace posible que la humanidad partici-

---

[5] Cf. Scott Hahn, *Dios te salve, Reina y Madre. La madre de Dios en la Palabra de Dios*, Rialp, Madrid, 3.ª ed. 2004.

pe de la gracia de Cristo por adopción. Por tanto, como hermanos y hermanas de Cristo, los cristianos son también hijos de María, y por tanto están obligados a honrarla como madre. Más aún, Jesús mismo está legalmente obligado por la ley de su Padre («Honra a tu padre y a tu madre») a compartir su honor con María. En realidad, cumplió esta ley con más perfección que ningún otro hijo, otorgando a María el don de su divina gloria. Los cristianos están llamados a su vez a imitarle en esto, como en todo lo demás.

Por tanto, con independencia del tipo de familia de que provengamos, o del fracaso, o disfunción, familiar que hayamos conocido, es en la Iglesia donde podemos empezar, de nuevo, en un hogar que es celestial. Es allí donde encontramos hermanos: nuestras hermanas y hermanos, vivos y difuntos, en la Comunión de los Santos. Es en la Iglesia donde encontramos verdaderos padres: los sacerdotes de nuestra parroquia, así como los antiguos patriarcas que establecieron la fe para nosotros. Es en la Iglesia donde volvemos a nuestra madre, que nos espera con los brazos abiertos y con el alimento de consuelo. En la Iglesia de Jesucristo nadie es huérfano.

5. NO HAY LUGAR COMO ROMA

Bautizados en el agua y el Espíritu, todos nosotros somos hermanos y hermanas en la familia de Jesucristo. Los primeros cristianos, incluso aquellos que no eran judíos, sabían que esto tenía que ser así. Los romanos que aceptaron el Evangelio no se encontraron de inmediato con que sus familias depositarias estuvieran amenazadas, pero sabían que ahora pertenecían, por alianza, a otra familia, a una familia más grande, una familia divina. Muchas familias romanas acaudaladas dejaron sus casas para que se convirtieran en «iglesias domésticas», donde se ofrecía la Misa. Reemplazaron los retratos de sus antepasados paganos por retratos de sus nuevos antepasados: los patriarcas bíblicos, los apóstoles y los santos[6].

Por esta razón algunos romanos que seguían siendo paganos vieron la Iglesia como una amenaza para la vida de familia tradicional. Un hombre o mujer que se convertía al cristianismo ya no podía dar culto a los dioses del hogar, no podía atender los santuarios de los ancestros. La Iglesia no llegó a abolir, sin embargo, la institución de la familia, sino que la perfeccionó, haciéndola universal. Porque la institución no podía sobrevivir en su mero estado natural.

Con el establecimiento de la nueva Alianza, Cristo fundó una única Iglesia, su Cuerpo Místico, como extensión de su Encarnación. Asumiendo la carne, Cristo divinizó la carne, y extendió la vida de la Trinidad a toda la humanidad a través de la Iglesia, la Familia de Dios. Incorporados al Cuerpo de Cristo, los cristianos se hacen «hijos en el Hijo». Se convierten en hijos del hogar eterno de Dios. Participan de la vida de familia de la Trinidad.

El tema de la familia que está presente en la Sagrada Escritura continuó en los primeros siglos de la

---

[6] Dom Gregory Dix, *The Shape of the Liturgy*, A & C. Black, London 1945, p. 27.

Iglesia. San Policarpo de Esmirna, en la generación inmediatamente posterior a los apóstoles, escribió: «todos los hijos de Dios y miembros de una misma familia en Cristo, al unirnos en el amor mutuo y en la misma alabanza a la Santísima Trinidad, estamos respondiendo a la íntima vocación de la Iglesia» (cf. CCE n. 959).

Ésta es una verdad hoy como lo fue para los primeros cristianos. El primer punto del *Catecismo de la Iglesia Católica* declara que Dios «convoca a todos los hombres, que el pecado dispersó, a la unidad de su familia, la Iglesia» (n. 1). En otra parte, el *Catecismo* dice que «la Iglesia no es otra cosa que la "familia de Dios"» (n. 1655). Y esta familia no es sólo global sino también local. Juan Pablo II escribió que «la gran familia que es la Iglesia... se concreta a su vez en la familia diocesana y parroquial... Nadie se sienta sin familia en este mundo: la Iglesia es casa y familia para todos»[7].

El hogar terreno de la Trinidad es esta Familia universal de Dios, fuera de la cual no hay salvación (CCE n. 846). Se trata de una afirmación fuerte, y hace que algunas personas se estremezcan. Pero esta enseñanza no condena a nadie. Simplemente esclarece la esencia de la salvación y la Iglesia. Como la esencia de la salvación es la vida en la familia divina, la vida de la filiación divina, hablar de salvación fuera de la Familia de Dios, la Iglesia, confundiría las

---

[7] Cf. Juan Pablo II, Exh. ap. *Familiaris consortio*, 22-XI-1981, n. 85. Para el predominio de las imágenes de tipo familiar en las enseñanzas teológicas del Vaticano II, cf. Card. Augustin Bea, *The Church and Mankind*, Franciscan Herald Press, Chicago 1967.

cosas enormemente. ¡De estar *fuera* de la Familia de Dios es precisamente de lo que hay que salvar a la gente! Los cristianos no católicos son considerados, con todo, «hermanos separados», unidos a la Familia de Dios por el Bautismo. El Catecismo afirma esta verdad en términos conmovedores: «Los que [...] justificados por la fe en el bautismo... son reconocidos con razón por los hijos de la Iglesia católica como hermanos en el Señor» (n. 818). Podemos alegrarnos por esta misericordia, aun cuando nos esforcemos por traer a todos nuestros hermanos a una comunión más plena.

6. LA LLAMADA A INTERPRETAR UN PAPEL

Dentro de la Iglesia, como dentro de la familia natural, hay papeles claramente definidos. Desde la época de los apóstoles, el fiel cristiano ha visto a los miembros del clero como padres espirituales. Hasta en el Antiguo Testamento se veía así a los sacerdotes. En el libro de los Jueces, cuando el levita aparece ante la puerta de Mica, éste declara: «Quédate conmigo y me servirás de padre y de sacerdote» (17, 10). En el Nuevo Testamento San Pablo ve claramente su papel como un papel paterno: «Quien os engendró por Cristo en el Evangelio fui yo» (*1 Cor* 4, 15; cf. también *1 Jn* 2, 13-14). El gran padre terreno de la Iglesia es, por supuesto, el «Santo Padre», el Papa, palabra que viene del italiano *papa*.

Observamos este espíritu familiar en cada generación, siempre que ha habido cristianos. Para San Ignacio de Antioquia, que vivió en la generación de los apóstoles, la familia divina, la Trinidad, era el modelo de concordia en la Iglesia: «Sé obediente a tu obispo y a los otros, como Jesucristo en su naturaleza humana estuvo sujeto a su Padre y como los apóstoles lo estaban a Cristo y al Padre. De esta forma habrá unión de cuerpo y espíritu». Y en otro lugar escribió: «Te felicito por estar fuertemente unido [a tu obispo] como la Iglesia está unida a Jesucristo y como Jesucristo lo está al Padre, todo puede estar en armónica unidad».

San Jerónimo, en el siglo cuarto, escribió: «Sé obediente a tu obispo y recíbele bien, como al padre de tu alma»[8].

San Agustín fue, quizá, el más grande de los Padres de la Iglesia (un término que es significativo por sí mismo), y de él aprendemos: «Los apóstoles fueron enviados como padres; para reemplazar a aquellos apóstoles, te nacieron hijos que fueron constituidos obispos (...). La Iglesia, que los engendró, que los colocó en las sedes de sus padres, los llama padres (...). Así es la Iglesia Católica. Ha engendrado hijos que, por toda la tierra, continúen el trabajo de los primeros padres [de la Iglesia]».

La Iglesia es una, como la Trinidad es una. Nuestra unidad en la tierra es la respuesta de Dios Padre a

---

[8] San Ignacio de Antioquía, *Carta a los Magnesios*, 13; *Carta a los de Éfeso*, 5; San Jerónimo, *Epist.* 3 (PL 46, 1024); San Agustín, *In Psalm.* 44.32 (CCL 38, 516); citados todos por Card. Henri de Lubac, S. J., «The Fatherhood of the Clergy», en *The Motherhood of the Church*, Ignatius Press, San Francisco 1982, pp. 85-97. De Lubac demuestra también que, en los Padres de la Iglesia primitiva, «la autoridad del obispo tiene un carácter esencialmente paternal. Si es cabeza, es porque es padre» (p. 105).

la oración de su Hijo: «para que todos sean uno, como tú, Padre, estás en mí y yo en ti, para que también ellos sean en nosotros y el mundo crea que tú me has enviado. Yo les he dado la gloria que tú me diste, a fin de que sean uno, como nosotros somos uno. Yo en ellos y tú en mí, para que sean perfectamente uno y conozca el mundo que tú me enviaste y amaste a éstos como me amaste a mí» (*Jn* 17, 21-23). La Iglesia es una en el Espíritu, cuya venida es en sí misma el cumplimiento de la oración sacerdotal de Jesús.

X. EL ESPÍRITU DE FAMILIA

La Iglesia es nuestra madre, y eso debería llenarnos de alegría. Más aún, Jesucristo nos ha dado a su propia madre, María, para que sea también nuestra madre. Alabemos a Dios por ello, porque si nos ha dado a su madre como madre nuestra, ¡ciertamente no nos negará nada! Casi parece que nos quedamos cortos cuando decimos que no nos ha dejado huérfanos. Sus dones sobrepasan todas las expectativas salvíficas de la humanidad.

Sin embargo, estos dones de maternidad no son lo último. Aunque son grandes, apuntan a un don aún más grande que quiere darnos nuestro Señor.

1. EL GRAN DESCONOCIDO

En este capítulo me gustaría descubrir la identidad del Espíritu Santo. Para los cristianos de hoy, la Persona del Espíritu se ha convertido en la más difícil de conocer de la Santísima Trinidad..., tan difícil que un santo moderno llamó al Espíritu Santo «el Gran Desconocido»[1].

A fin de cuentas, cuando nos dirigimos al Padre, podemos relacionarnos con él como con alguien a quien conocemos en la tierra, alguien familiar, y de la familia. Es un Padre. De la misma manera, cuando nos dirigimos al Hijo, podemos relacionarnos con él como con un hermano mayor, pues así es como se reveló Él mismo. Nuestra relación es igualmente familiar y de familia.

Pero, ¿cómo podemos relacionarnos con el Espíritu Santo? Acudimos a la letanía común de imágenes y títulos sacados de la Biblia y nos encontramos con... ¿qué? Viento santo, Aliento santo, santo Fuego, Paloma santa. Pero nada, o mejor nadie, con quien podamos relacionarnos de una forma familiar.

No me entiendas mal. Deberíamos estar contentos, aunque tan sólo pudiésemos hacernos una idea del Espíritu Santo a través de imágenes impersonales como esas. Al fin y al cabo, estamos en los dominios del misterio más profundo. Así que, ¿cómo nos atrevemos a indagar en la vida íntima de Dios?

Pero de eso se trata. No estamos siendo pretenciosos ni fisgoneando. Simplemente estamos abriendo el regalo que nos ha hecho un Dios amoroso. Sin más, estamos fiándonos de la Palabra de nuestro Padre, como hijos confiados, para poder recibir y apreciar mejor ese don... de su Espíritu.

No te olvides de cuánto tiempo había estado aguardando el pueblo de Dios este don, fundados en la pro-

---

[1] San Josemaría Escrivá, «El Gran Desconocido», homilía en *Es Cristo que pasa*, 40.ª ed., Rialp, Madrid 2004, pp. 267-289.

mesa divina que los profetas hicieron repetidamente al antiguo Israel. Fue reafirmada al comienzo del ministerio de Jesús (*Mt* 3, 11-16; *Jn* 1, 31-33) y una vez más, con toda solemnidad, al final (*Jn* 14-16).

2. "TOMÁNDOLO" PERSONALMENTE

Justo antes de su partida final y de su retorno al Padre, declaró Jesús a sus discípulos: «Yo rogaré al Padre, y os enviará otro Consolador, que estará con vosotros para siempre, el Espíritu de verdad» (*Jn* 14, 16-17). Luego, les aseguró con una solemne promesa: «no os dejaré huérfanos».

Cuando los discípulos oyeron que Jesús estaba a punto de marcharse y de volver al Padre, para siempre, seguramente empezaron a preguntarse si iban a quedarse huérfanos espiritualmente. Para darles seguridad de lo contrario, Jesús les ofreció verdadera tranquilidad y consuelo. ¿Y quién mejor que una Persona divina conocida como el Consolador, el que conforta?

Pero, ¿cómo hace el Espíritu que no nos convirtamos en «huérfanos»? ¿Hay algún tipo de relación familiar que hayamos perdido en esta edad moderna?

Creo que sí la hay, y la sagrada Escritura y la sagrada Tradición nos llevan a descubrirla. Debo subrayar, sin embargo, que nuestras investigaciones deben ser prudentes, y toda observación u opinión, provisional. Especialmente en este punto, como en todo, debemos someter nuestros descubrimientos al juicio de la Iglesia. Más aún, si el Magisterio encontrara que alguno de ellos es insatisfactorio, yo sería el primero en renunciar a ellos y arrancar las páginas correspondientes del libro y echarlas gustoso al fuego..., y después invitarte a ti a hacer lo mismo.

3. Madre sabia, conocida como...

Igual que logramos conocer *quiénes* son las dos primeras Personas, el Padre y el Hijo, por *lo que* hicieron, cuando el Padre nos envió a su Hijo, lo mismo sucede con el Espíritu Santo. Descubrimos *quién* es la Tercera Persona por *lo que* el Espíritu hace.

Por ejemplo, Jesús se refiere al Espíritu como el divino agente de nuestro renacimiento como hijos de Dios en el bautismo: «quien no naciere del agua y del Espíritu, no puede entrar en el reino de los cielos» (*Jn* 3, 5). Nuestro nacimiento sobrenatural y el primer baño son *lo que* hace el Espíritu Santo. Igualmente Pablo describe cómo nuestra propia «adopción como hijos» está asociada con el Espíritu Santo, al igual que los «gemidos de parto» que acompañan «la redención de nuestros cuerpos» (*Rom* 8, 22-23).

Tras los dolores de parto del Espíritu Santo que nos da a luz como «hijos» de Dios, Pablo y Pedro nos exhortan, como «bebés en Cristo», a «desear la leche espiritual» (*1 Cor* 3, 1-3; *1 Ped* 2, 2). De la misma manera, el Espíritu es el que nos enseña a andar y hablar («camina por el Espíritu», *Gal 5*, 16; «reza... en el Espíritu», *Ef* 6, 18). Sólo entonces puede madurar «el fruto del Espíritu» (*Gal* 5, 22).

Qué apropiado resulta, entonces, que una de las primeras palabras que enseña el Espíritu a los hijos pequeños de Dios es «Abba», como explica Pablo: «Cuando gritamos, "¡Abba!, ¡Padre!", el Espíritu mismo da testimonio a nuestro espíritu de que somos hijos de Dios» (*Rom* 8, 16). En otras palabras, el Espíritu Santo nos ayuda a reconocer, y a llamar, a Dios como «Abba, Padre», igual que mi esposa Kimberly enseñó a nuestros seis hijos a que no tuvieran miedo de ese personaje alto y oscuro de voz profunda, sino a llamarme «papá».

Y la labor del Espíritu no termina con las primeras palabras. Por muy humillante que sea, «el Espíritu viene en ayuda de nuestra flaqueza, porque nosotros no sabemos pedir lo que nos conviene», y por eso el Espíritu «aboga por nosotros con gemidos inenarrables» (*Rom* 8, 26).

Leo y me aplico todo esto como hijo de Dios, pero también como padre de seis niños. Y esto coloca a Kimberly en el punto de salida. Por esta razón mis hijos no tienen problemas para entender lo que quiero decir cuando afirmo que su mamá es el Espíritu Santo de nuestro hogar. Por tanto también entienden la doble aplicación de la enseñanza de San Pablo: «no entristezcáis al Espíritu Santo» (*Ef* 4, 30). De hecho, tras años de experiencia, saben por qué blasfemar contra el Espíritu Santo tiene un tratamiento diferente de cualquier otro pecado o blasfemia (*Mt* 12, 31-32), por parte de sus padres de la tierra y del cielo. La primera regla de papá es: lo mejor que puedes hacer es no enfadar a mamá.

Todo esto me sirve para reforzar el papel maternal del Espíritu Santo como confortador y consolador, tal y como prometió Jesús cuando aseguró que no nos dejaría huérfanos (*Jn* 14, 16-18). Por tanto, lo que una madre hace en el plano natural, lo cumple el Espíritu Santo en el ámbito sobrenatural. Lo que las madres de la tierra hacen de modo finito y rudimentario, el Espíritu lo lleva a cabo de modo infinito y perfecto.

En resumen, como nuestras madres nos dieron a luz, el Espíritu nos da un nuevo nacimiento. Como una madre alimenta a sus hijos, el Espíritu alimenta a los hijos de Dios con la leche espiritual. Como una madre gime en el parto, el Espíritu gime para darnos la vida. Es interesante saber que el verbo griego «gemir» en Romanos 8, 22 es el mismo término que se usa para describir los dolores de parto en el relato de Adán y Eva (*Gn* 3, 16). Hay usos parecidos en otras partes del Antiguo Testamento.

4. HABLANDO PALABRAS DE SABIDURÍA[2]

En el libro de la Sabiduría (capítulos 7-9), se alude a la Sabiduría de Dios como «espíritu santo», y se la describe en términos que son a la vez sorprendentemente *divinos* («todopoderosa», «conocedora de

---

[2] Cf. T. P. McCreesh, O.P., «Wisdom as Wife», *Revue Biblique* 92 (1985) 25-46. Para un tratamiento penetrante del texto clave, *Sab* 7-9, cf. J. L. Crenshaw, *Old Testament Wisdom*, ed. rev., Westminster John Knox Press, Louisville, Ky. 1998, p. 199: «Se da un paso más en la Sabiduría de Salomón 7-9, que es más fuerte de lo que cabe imaginar. Cierto: se trata de una personificación, con sus connotaciones eróticas, que se refiere a la esposa de Salomón, la sabiduría, pero el capítulo 7 la describe como una extensión de la esencia divina, una hipóstasis virtual si no real. Sus veintiún atributos se suman a la suprema pureza, emanación de la gloria del Omnipotente e imagen de la bondad divina (7, 22-26). La sabiduría divina y el espíritu se unen, y la sabiduría funciona como un poder providencial que actúa en la vida del pueblo de la alianza».

todo», 7, 22-23) y *femeninos* («irresistible», «más bella que el sol», 7, 22. 29).

El libro presenta al rey-sabio de Israel que elogia a la Sabiduría como la más radiante de las madres: «Vino sobre mí el espíritu de la sabiduría... y la amé... y antepuse a la luz su posesión, porque el resplandor que de ella brota no tiene descanso. Todos los bienes me vinieron juntamente con ella... porque es la sabiduría quien los trae; pero ignoraba que fuese ella la madre de todos» (*Sab* 7, 7. 10-12).

El Espíritu de Dios se identifica con la Sabiduría, y luego la Sabiduría se personifica como eterna y materna y *nupcial*. De ahí que, para Salomón, doña Sabiduría es el único verdadero objeto de su pasión: «La amé y la busqué desde mi juventud, procuré desposarme con ella enamorado de su belleza» (*Sab* 8, 2). Y conforme Salomón se fue haciendo mayor, su deseo de Sabiduría se hizo más fuerte: «Resolví pues tomarla para que conviviera conmigo, sabiendo que sería consejera de lo bueno y consuelo en mis cuidados y tristezas» (*Sab* 8, 9).

Más que tranquilidad, Salomón quería tener intimidad y dormir con ella: «Entrando en mi casa, descansaré junto a ella» (*Sab* 8, 16). No se trataba de satisfacer su lujuria, sino de descubrir «que su amistad es delicioso placer» (*Sab* 8, 18).

En ningún otro lugar de las Escrituras encontramos una descripción tan elaborada de la Sabiduría. ¿Qué hemos de pensar de esta descripción que hace la Escritura de doña Sabiduría?

Benedict Ashley, O. P., señala que la Sabiduría se aplica en algún lugar a la ley de Dios (*Sir* 24) y a Jesús (*1 Cor* 1, 24). «Pero con más propiedad», con-

cluye Ashley, «es a la Tercera Persona de la Trinidad... que es Amor, Amor sabio, a quien se aplican
las descripciones que hace el Antiguo Testamento de
una Sabiduría femenina»[3]. Esta conclusión parece
muy razonable.

Además puede estar implícito en otras partes del
Antiguo Testamento, como observaban ya los antiguos rabinos. En hebreo, la palabra *ruah*, que traducimos por «espíritu» —como en el Espíritu de Dios
que se cernía sobre las aguas (*Gn* 1, 2)—, es un
nombre femenino. Otra imagen común del Espíritu
en el Antiguo Testamento es la *shekinah*, o «nube de
gloria», que llenaba el *Sancta Sanctorum* del Templo
de Jerusalén[4]. *Shekinah* es también un nombre femenino. Para muchos rabinos, esos usos eran una prueba suficiente del carácter materno-nupcial del Espíritu de Dios.

5. PROVEEDOR DE ALMAS

En el capítulo anterior, hablábamos de la Iglesia
como Cuerpo de Cristo y Esposa de Cristo. La Iglesia es la nueva Eva para Cristo, que es el nuevo Adán.

---

[3] B. Ashley, O. P., *Justice in the Church: Gender and Participation*,
Catholic University of America Press, Washington, D.C., 1996, p. 116.
Ashley añade: «Por tanto, aunque al Espíritu Santo, como a todas las personas divinas, se le nombra en masculino, la Iglesia a la que, como su
verdadera alma, el Espíritu da vida, es femenina y complementa a Cristo
como su esposa. Por tanto, es en la relación de alianza de la Iglesia con
Cristo, en la que el Espíritu Santo se revela especialmente» (p. 117).

[4] Cf. Fishbane, *Kiss of God*, pp. 107-108, 111-112; R. Patai, *The Hebrew Goddess*, 3.ª ed, Wayne State University, Detroit 1990, pp. 96-111.

Entonces, ¿de quién reciben su identidad, su vida, esta Esposa y este Cuerpo?

San Juan indica que la Iglesia recibió la vida cuando Jesús exhaló sobre sus discípulos y dijo: «Recibid el Espíritu Santo» (*Jn* 20, 22). Es el Espíritu Santo quien da la vida al Cuerpo místico de Cristo, la Iglesia. De hecho la sagrada Tradición se refiere al Espíritu como el «alma del Cuerpo Místico». En palabras de León XIII: «si Cristo es la cabeza de la Iglesia, el Espíritu Santo es su alma». Continúa citando a San Agustín: «Lo que el alma es en nuestro cuerpo, es el Espíritu Santo en el cuerpo de Cristo, que es la Iglesia»[5].

Sin el alma, tu cuerpo sería un cadáver. Lo mismo ocurre con el Espíritu y la Iglesia.

Más aún, el alma es, por definición, la forma del cuerpo. Es lo que da vida al cuerpo; es la esencia, lo que podríamos llamar la identidad, de la persona. Parafraseando a Juan Pablo II: el alma forma el cuerpo, como el cuerpo revela el alma[6] (cf. también CCE n. 365). Por tanto, en los seres humanos, la masculinidad y la feminidad expresan no sólo diferencias biológicas sino también una realidad fundamental del alma.

El Espíritu Santo es el alma del Cuerpo Místico. Sin embargo, la Iglesia es un cuerpo espiritual, y por

---

[5] Cf. León XIII, Enc. *Divinum illud munus*, 9-V-1897, n. 8, que cita a San Agustín, *Sermones*, 267.4 [187 de temp.]; cf. también De Lubac, *Motherhood of the Church*, p. 117: «la Iglesia jerárquica es también "pneumática": es el Espíritu enviado por Jesús el que la anima». Cf. también M.J. Scheeben, *Mariology*, vol. 1, Herder, St. Louis 1946, p. 170, y el *Catecismo de la Iglesia Católica*, nn. 797-798.

[6] Juan Pablo II, Audiencia general, 9-I-1980, n. 4, en Juan Pablo II, *Varón y mujer. Teología del cuerpo*, Palabra, Madrid 1995, p. 103.

eso no podemos hablar de él como masculino o femenino, aun cuando la Tradición se refiera a él como Esposa y Madre. De forma similar, Dios es trascendente, y por lo tanto no podemos hablar de Dios como si tuviera «cualidades masculinas o femeninas»[7], aun cuando las dos primeras Personas son llamadas propiamente Padre e Hijo.

---

[7] Cf. Juan Pablo II, Carta Ap. *Mulieris dignitatem*, 15-VIII-1988, n. 8: «Esta característica del lenguaje bíblico, su modo antropomórfico de hablar de Dios, *indica* también, indirectamente, el *misterio del eterno "engendrar"* que pertenece a la vida íntima de Dios. Sin embargo, este "engendrar" no posee en sí mismo cualidades "masculinas" ni "femeninas". Es de naturaleza totalmente divina. Es espiritual del modo más perfecto, ya que "Dios es espíritu" (*Jn* 4, 24) y no posee ninguna propiedad típica del cuerpo, ni "masculina" ni "femenina". Por consiguiente, también la *"paternidad" en Dios es completamente divina*, libre de la característica corporal "masculina", propia de la paternidad humana».

También cf. John S. Grabowski, «Theological Anthropology and Gender Since Vatican II: A critical Appraisal of Recent Trends in Catholic Theology», Tesis doctoral, Marquette University, 1991, p. 374: «Decir que el Espíritu Santo es el lugar de las cualidades femeninas y maternales dentro de la divinidad no supone dar al Espíritu más corporeidad o sexualidad que lo que otorgan estas características a la paternidad del Padre o a la filiación del Hijo. El Espíritu Santo actualiza estas cualidades de modo divino y espiritual. Más aún, puesto que el Espíritu procede del Padre y del Hijo pero no les causa a su vez, no puede haber malas interpretaciones de las procesiones trinitarias en términos paganos de unión sexual o generación. El mantenimiento del orden de estas procesiones trinitarias excluye igualmente la confusión pagana de Dios con el mundo... El Espíritu puede ser inmanente al mundo guiando a la humanidad hacia Cristo y a través de Él, al Padre, pero ni el Espíritu ni las demás Personas divinas se identifican con el mundo. Mejor dicho, en su completa posesión de la única naturaleza divina, las tres Personas divinas trascienden infinitamente el mundo incluso cuando están intimamente relacionadas con él como causa y base. Hace falta trabajar más para examinar la adecuación de una tal descripción del Espíritu Santo en términos femeninos... Tal visión puede ser mantenida sólo como una hipótesis teológica que necesita mayor aquilatamiento e investigación».

Podemos, sin embargo, preguntar qué es lo que el cuerpo, en este caso la Iglesia, revela o expresa sobre el alma, en este caso el Espíritu.

6. EN EL ORIGEN DE LA MATERNIDAD

La Tradición nos muestra que la maternidad nupcial de la Iglesia puede ser por sí misma una participación en la vida de la familia divina.

Todas las perfecciones están contenidas en el Dios que llamamos Padre, y esto no es menos verdad cuando se trata de la maternidad perfecta. El gran teólogo y cardenal Yves M. Congar lo veía como un corolario necesario de la narración del Génesis: «Dios creó al hombre a imagen suya, a imagen de Dios lo creó; hombre y mujer los creó» (*Gn* 1, 27). Congar concluía que «en Dios debe darse, bajo una forma trascendente, algo que responda a la masculinidad y a la feminidad»[8].

Toda una autoridad doctrinal como el cardenal Joseph Ratzinger se ha hecho eco de Congar: «A causa de la enseñanza acerca del Espíritu, uno puede tener la experiencia y el presentimiento de que, dentro de Dios mismo, existe el tipo primordial de lo femenino, de una manera misteriosa y velada»[9].

---

[8] Y. M. J. Congar, *El Espíritu Santo*, Herder, Barcelona 1983, p. 589; idem, «The Spirit as God's Femininity», *Theology Digest* 30 (1982) 129-132.

[9] J. Ratzinger, *Daughter Zion*, Ignatius Press, San Francisco 1983, pp. 26-27. Cf. B. Albrecht, «Is There an Objective Type "Woman"?», en H. Moll, J. Ratzinger, et al. (eds.), *The Church and Women*, Ignatius Press, San Francisco 1988, p. 48: «El padre Kentenich [fundador del

Sin embargo, la idea no era originaria de los cardenales Congar y Ratzinger. De hecho, algunos de los más grandes Padres antiguos, especialmente de la tradición siríaca (San Efrén, Afrahates, Narsai), asociaron una «maternidad divina» con la persona del Espíritu Santo[10].

Los católicos romanos profesan en el Credo niceno que el Espíritu Santo «procede del Padre y del Hijo». San Metodio de Olimpo veía reflejada esta

---

movimiento de Schoenstatt], décadas antes del actual debate... percibió en el Espíritu Santo los misterios más profundos... de la relación entre Dios y la mujer. El Espíritu Santo (no María) es la "dimensión femenina de Dios", si se nos permite usar este modo de hablar en una hipótesis que no está suficientemente contrastada. María, en su agraciada humanidad, es el instrumento del Espíritu Santo». Cf. L. Bouyer, *Women in the Church*, Ignatius Press, San Francisco 1979, pp. 37-39; idem, *The Seat of Wisdom*, Pantheon Books, New York 1960, pp. 175-190; P. Gadenz, «The Church as the Family of God», en Hanh y Suprenant (eds.), *Catholic for a Reason*, pp. 73-75.

[10] Cf. J. Chalassery, *The Holy Spirit and Christian Initiation in the Syrian Tradition*, Mar Thoma Yogam, Roma 1995, p. 188: «En las fuentes de Siria oriental, la maternidad de la Iglesia decreció debido a la maternidad del Espíritu Santo... Por lo tanto, podemos interpretar la Iglesia como la imagen visible de la maternidad del Espíritu Santo. El Espíritu Santo es la fuerza que está tras todas las acciones maternales de la Iglesia». En otro lugar añade: «El Espíritu Santo actúa como madre en la vida de los cristianos... Aphrahates, en su Demostración *Sobre la virginidad*, dice: "Cuando un hombre no ha tomado aún mujer, ama y honra a Dios, su Padre, y al Espíritu Santo, su Madre"... en los ritos de la iniciación cristiana, es el Espíritu Santo el que hace nacer a los cristianos en la Iglesia a través del seno del bautismo. Como una madre, el Espíritu prepara comida espiritual para "sus" hijos... Lo que lleva a Narsai a decir: "Maman del Espíritu después de nacer del bautismo"» (pp. 233-234, citando las *Homilías Litúrgicas* de Narsai 21, 52-55). También cf. S. Harvey, «Feminine Imagery for the Divine: The Holy Spirit, the Odes of Solomon, and Early Syriac Tradition», *St. Vladimir's Theological Quarterly* 37 (1993) 111-39.

doble «procedencia» en el modo en que el hombre fue creado a imagen divina[11]. Como Eva procedía de su Padre Dios y del costado de Adán, hijo de Dios, el Espíritu procede de ambos: del Padre y del Hijo eterno. Como el Padre creó a Eva de la costilla de Adán, Metodio llamó al Espíritu Santo la «costilla del Verbo», el principio increado de maternidad.

7. MUESTRAS SANTAS

Más allá de la Escritura, en la sagrada Tradición, encontramos nuevos ejemplos de la maternidad del

---

[11] Cf. M. J. Scheeben, *Los misterios del cristianismo*, Herder, Barcelona 1960, 3.ª ed., p. 199: «Y así como Eva, por ser formada de la costilla de Adán, con una simple figura puede llamarse sencillamente la costilla de Adán, así San Metodio hasta se atreve a decir que el Espíritu Santo es la "costa Verbi"... "Por costilla", dice San Metodio, "se entiende con mucha propiedad al Paráclito, al Espíritu de verdad... Porque con mucha propiedad es llamado costilla del Logos"» (citando *Convivius decem virginum* III.C.8; PG 18, 73). Cf. también R. Murray, S. J., *Symbols of Church and Kingdom: A study in Early Syriac Tradition*, Cambridge University Press, New York 1977, p. 318: «No se dijo de Eva que fuera la hermana de Adán, o su hija, sino que venía de él; de la misma manera no hay que decir que el Espíritu es la hermana o la hija, sino que viene de Dios y es consustancial con Él» (citando a San Efrén, *Evangelium Concordans* 19, 15; CSCO, 137). Cf. también M. D. Torre, «St John Damascene and St. Thomas Aquinas on the eternal Procession of the Holy Spirit», *St. Vladimir's Theological Quarterly* 38 (1994) 303-27; D. Belonick, «Father, Son, and Spirit - So What's in a name?», en H. H. Hitchcock (ed.), *The Politics of Prayer: Feminist Language and the Worship of God*, Ignatius Press, San Francisco 1992, p. 305: «los Padres compararon el origen del Espíritu Santo... con el "origen" de Eva de Adán. Más tarde, en el siglo séptimo, Anastasio del Sinaí escribió: "Eva, que procede de Adán, significa el origen de la Persona del Espíritu Santo. Esta es la razón por la que Dios no exhaló sobre ella el aliento de vida; ella era el tipo de aliento y vida del Espíritu Santo (*Sobre la imagen y semejanza*)"».

Espíritu. Este tipo de explicación continuó en la Iglesia a lo largo del período patrístico (ver fuentes y referencias en las notas del libro) y de la Edad Media, en la que Santa Catalina de Siena dijo: «El Espíritu Santo [para los que se abandonan en la Providencia] es madre que los alimenta al pecho de mi divina caridad»[12].

En el siglo veinte, San Maximiliano Kolbe, que fue martirizado por los nazis, hablaba de la especial relación entre el Espíritu Santo y María, la Madre de Jesús[13]. «Comparten, escribió, una singular maternidad: la Maternidad divina del amor». A María se la llama tradicionalmente la Inmaculada Concepción porque estuvo preservada de pecado desde el momento de su concepción. Kolbe enseñaba que esta cualidad era un reflejo del Espíritu Santo, al que llamaba la «inmaculada concepción increada». María, continuaba, «fue creada para que, mediante su maternidad virginal, mostrase la presencia del Espíritu Santo en ella»[14]. Kolbe se atrevía incluso a decir que María fue como una encarnación («quasi-incarnatus»[15]) del Espíritu Santo.

---

[12] Santa Catalina de Siena, *El diálogo*, 141, en *Obras de Santa Catalina de Siena*, 3.ª ed., B.A.C., Madrid 1996, p. 352.

[13] H. M. Manteau-Bonamy, *The Inmaculate Conception and the Holy Spirit: The Marian Teachings of Father Kolbe*, Ignatius Press, San Francisco 1988, p. 68. En otro lugar, escribe Kolbe: «El Espíritu Santo es, por tanto, la concepción eterna increada, el prototipo de todas las concepciones que multiplican la vida a lo largo del universo. El Padre engendra; el Hijo es engendrado; el Espíritu es la "concepción" que florece de su amor»: citado por D. Montrose, Obispo de Stockton, en «The Message of the Virgin of Lourdes», *Spes Nostra* 4 (1996) 5.

[14] Monteau-Bonamy, *Immaculate Conception*, p.3.

[15] Monteau-Bonamy, *Immaculate Conception*, p. 96. El «quasi» es lo que salva esta expresión, puesto que el Espíritu y María no están uni-

Otro testigo reciente de estas verdades es Santa Edith Stein, judía conversa y filósofa que, como Kolbe, murió en un campo de concentración nazi. Escribió: «En este amor femenino que es amor servicial, ¿hay una auténtica imagen de la divinidad? El amor servicial es *auxiliador*, viene en ayuda de todas las criaturas para llevarlas a su plenificación. Pero éste es el título que se le da al Espíritu Santo. Así podemos ver en el Espíritu de Dios, derramado sobre todas las criaturas, el prototipo del ser femenino. Encuentra su imagen más completa en la Virgen purísima, esposa de Dios y madre de todos los seres humanos»[16].

El Espíritu y la Iglesia convergen del modo más perfecto en la Madre de Dios. Igual que en la tradición occidental se llama con frecuencia a María «arquetipo de la Iglesia», Oriente se refiere a ella como «icono de la Iglesia» e «icono del Espíritu». Ahora bien, un icono es más que una «pintura»; es una ventana por la que se accede a una realidad celestial. La Santísima Virgen es, pues, quien abre nuestra visión a la vida eterna del Espíritu..., incluso cuando manifiesta el

---

dos «hipostáticamente», sino como dos personas distintas, una divina y otra humana. Es preferible, quizá, la noción de María como «icono» o «réplica creada» del Espíritu Santo. Para algunos trabajos profundamente iluminadores en esta área de la teología biblica, cf. F. X. Durrwell, *Mary: Icon of the Spirit and of the Church*, St. Paul Publications, Middlegreen, U. K., 1990, idem, *The Spirit of the Father and of the Son*, St. Paul Publications, Middlegreen, U. K., 1989; idem, *Holy Spirit of God: An Essay in Biblical Theology*, Geoffrey Chapman, London 1986; A. Feuillet, *Jesus and His Mother: The Role of the Virgin Mary in Salvation History and the Place of Woman in the Church*, St. Bede's Publications, Still River, Mass. 1984, pp. 209-212.

[16] S. Edith Stein, *La mujer*, Palabra, Madrid 1998, p. 246.

Cuerpo al que da vida el Espíritu: la Iglesia. La maternidad de María es místicamente una con la de la Iglesia y con la del Espíritu.

8. EL CAMINO NUPCIAL

La Iglesia presenta un carácter que es tanto nupcial como maternal, y esto también es una expresión de su alma eterna, el Espíritu Santo. Las connotaciones esponsalicias del Espíritu son claras en el libro de la Sabiduría (capítulos 7-9), y también en las interpretaciones rabínicas de textos bíblicos como el Cantar de los cantares. Qué apropiado resulta, por ejemplo, que la palabra hebrea para «matrimonio» sea *kiddushin*, término que además significa «santidad», un don que recibimos del Espíritu[17].

La revelación divina culmina en el libro de la Revelación, el Apocalipsis, o «Descubrimiento». El Apocalipsis muestra la consumación de la historia de la salvación como un banquete nupcial, «la cena de bodas del cordero» (*Ap* 19, 7. 9). Luego, toda la sagrada Es-

---

[17] Cf. S. Rosenberg, *Judaism*, Paulist, New York 1966, p. 118: «Para todos los judíos, el matrimonio es un acto sagrado y por esa razón se le llama *kiddushin*, o santificación». Cf. también Schillebeeckx, *Marriage*, p. 100; J. Mohler, S.J., *Love, Marriage and the Family*, Alba House, Staten Island, N.Y. 1982, p. 26. Sobre el sentido simbólico de «descubrir el velo» para la consumación (en el clímax de una ceremonia que duraba siete días) en el judaísmo antiguo, cf. *Gn* 29, 21-30; *Jue* 14, 10-20; J.L. McKenzie, *Dictionary of the Bible*, Bruce, Milwaukee 1965, p. 912: «las mujeres llevaban el velo en el momento del matrimonio y en la consumación de éste». Cf. también R. Patai, *Family, Love and the Bible*, MacGibbon & Kee, London 1960, pp. 58-59.

critura se cierra con una invitación dirigida por la Iglesia y el Espíritu Santo: «El Espíritu y la esposa dicen, ¡Ven!» (*Ap* 22, 17)[18].

Como hemos visto una y otra vez, aprendemos quién es Dios a través de lo que hace: a través de la obra de la creación y de la revelación. Por tanto, lo que dijimos al principio sobre la Trinidad en general, lo aplicamos ahora a las Personas de la divinidad: por las acciones divinas que son nupciales y mater-

---

[18] Para un tratamiento profundo de este pasaje, cf. J. Corbon, *Liturgia fundamental*, Palabra, Madrid 2001, pp. 86-88: «Entonces, la última visión del Apocalipsis cobra todo su significado... Se trata de la Esposada, de la Esposa del Cordero. Para mostrársela, el Ángel transportó a Juan en espíritu a una alta montaña... Y justo al final, cuando el Misterio se revela mediante sobrios signos, no se la contempla más. El río de la Vida lo llena todo. ¿Qué Energía es ésta, cuál es esta agua reluciente como el cristal? Es la única Presencia que no se puede nombrar, a la que la Esposa se hace toda transparente: el Espíritu... En el silencio deslumbrante de luz que concluye la visión de la Iglesia de los últimos tiempos, el Ángel parece musitar a Juan el Teólogo: *¿has visto la Esposa del Cordero?, ¡has visto al Espíritu!*... Lo que el Teólogo contempla es la Esposa del Cordero, y se revela en ella la kénosis del Espíritu... La transparencia de la Esposa al Espíritu se explica sólo porque ella es el lugar vivo de la kénosis del Espíritu Santo. Y la Iglesia participa de ella porque esta kénosis constituye a la Iglesia en Esposa del Cordero... Así como María, al ser Madre del Verbo encarnado, inaugura en sí la Plenitud de los tiempos por la energía del Espíritu, del mismo modo la Iglesia se convierte en Esposa y Madre por el Espíritu de Jesús que habita en ella... Aquí están los últimos tiempos: el Espíritu y la Esposa». En otro momento, Corbon describe la liturgia de la Iglesia como «el desbordamiento del Espíritu de Vida», de quien dice que «es la misión materna del Padre» y «su pasión por el propio Hijo y por todos los hijos» (pp. 103-104). Resulta significativo que Corbon fue el único no obispo a quien los cardenales Ratzinger y Schönborn confiaron directamente lla responsabilidad de redactar secciones del texto original del *Catecismo de la Iglesia Católica*. Por tanto no sorprende que muchas de estas afirmaciones tengan allí su correlato (cf. «El Espíritu Santo y la Iglesia en la liturgia», nn. 1091-1139; cf. también nn. 2642-2655).

nales, podemos llegar a descubrir una nupcialidad-maternidad divina en el Espíritu Santo[19].

9. TODAVÍA NUESTRO PADRE

Debo advertir algo en este momento. Esto no quiere decir que llamemos a Dios «Madre»; la revelación divina no llama a Dios por ese nombre. Tampoco se encuentra en ningún lugar de la Tradición viva de la Iglesia. Resulta irónico, pero si lo hiciéramos con relación al Espíritu, estaríamos socavando la obra misma del Espíritu, cuyo empeño es enseñarnos a que nos dirijamos, y conozcamos, a Dios como «Abba, Padre».

Tampoco quiero insinuar que hay cualidades masculinas o femeninas en la divinidad. Repito, en la Trinidad no hay rasgos corporales de género y sexualidad. Como mucho, los rasgos humanos de género físico y sexualidad son reflejos de las relaciones puramente inmateriales que son propias de cada miembro de la Trinidad. De todos los ámbitos del orden natural, es en las relaciones de la familia humana donde la vida de la Trinidad se refleja con mayor verdad y plenitud. En otras palabras, aquí la analogía de materni-

---

[19] El mejor tratamiento sigue siendo el de Scheeben (*Mariology*, vol. 1, pp. 154-218). Muestra cómo el título de María de «esposa del Espíritu» puede ser entendido adecuadamente, sin ser de ninguna forma determinante de la personalidad del Espíritu. De hecho, la personalidad eterna del Espíritu no puede hacerse depender de una criatura, por muy exaltada que sea (por ejemplo, María), puesto que podría implicar nociones absurdas o imposibles (p. ej., antes de la creación de María, la Trinidad habría consistido en un Padre, Hijo, y un *Soltero* Santo).

dad nupcial es *relacional* y *familiar*, no *física* o *sexual* (mucho menos política). Por tanto, hoy en día no hay más justificación para dar culto a una diosa que la que había cuando los profetas lo condenaron en el antiguo Israel.

10. PROCEDAMOS

Alguien podría objetar que esta comprensión de tipo familiar (o «analogía social») de las relaciones trinitarias choca con la tradicional analogía «psicológica» propuesta por las dos mayores lumbreras de la teología de Occidente: San Agustín y Santo Tomás de Aquino. Esa analogía la resume simple y claramente el laico apologista Frank Sheed:

«La primera Persona se conoce a sí mismo; el acto del conocimiento de sí mismo produce una idea, una Palabra; y esta idea, esta Palabra, la perfecta imagen de Él mismo, es la Segunda Persona. La Primera Persona y la Segunda se funden en un acto de amor: el amor de uno al otro, el amor de la gloria de la divinidad que es la suya propia; y del mismo modo que el acto de conocimiento produce una idea en la intimidad de la naturaleza divina, el acto del amor produce un estado de amor en la intimidad de la naturaleza divina. En este amor, el Padre y el Hijo vierten cuanto tienen y cuanto son, sin disminución ni regateo. Y así este amor en la intimidad de la divinidad es completamente igual al Padre y al Hijo, pues se han volcado enteramente en él... Su amor, por tanto, es también infinito, eterno, vivo, uno, persona, Dios»[20].

Hay dos «procesiones» en la Trinidad: el Padre engendra al Hijo, y el Espíritu Santo procede del Padre y del Hijo. El modelo tradicional entiende la primera procesión como algo relativo a la mente de Dios, una procesión «intelectual» de conocimiento, y la segunda, como un asunto de la voluntad de Dios, un proceso «volitivo» de amor. La segunda procesión depende de la primera, puesto que sólo se puede amar lo que se conoce.

¿Qué tiene que ver esto con la vida de familia? Conocer a alguien de verdad y amar a quien conoce-

---

[20] F. Sheed, *Teología y sensatez*, Herder, Barcelona 1961, p. 89. Algunas versiones de la «analogía social» de la Trinidad se han desarrollado sin el debido respeto a la naturaleza espiritual de las procesiones divinas, para cuya salvaguarda la «analogía psicológica» está mejor equipada; por ejemplo, C. Plantinga, «Social Trinity and Tritheism», en C. Plantinga y R. Feenstra (eds.), *Trinity, Incarnation and Atonement*, Notre Dame University Press, Notre Dame, Ind. 1989, pp. 21-47. Una crítica llena de sentido la ofrece B. Leftow, «Anti Social Trinitarianism», en S. David et al. (eds.), *The Trinity*, Oxford University Press, New York 1999, pp. 203- 249. Un problema que subyace es la moderna tendencia a descuidar las relaciones familiares (por ejemplo, paternidad, filiación, esposa-maternidad) a favor del género físico (varón, mujer). Para un estudio interesante que trata sobre el hábito moderno de pensar las relaciones en términos individuales de sexo y género y lo retrotrae a la Ilustración europea, con su obsesión con las abstracciones conceptuales, cf. I. Illich, *Gender*, Pantheon Books, New York 1982. Pone de relieve el contraste entre esta concepción moderna y el mayor realismo de las sociedades premodernas, que tendían a tratar a las personas en términos más relacionales; por ejemplo, cuando nacemos somos hijas e hijos, no simplemente machos y hembras. Cf. también H. T. Wilson, *Sex and Gender: Making Cultural Sense of Civilization*, Brill, Leiden 1989.

mos: ésta es la esencia misma de la vida familiar; es la esencia de la vida de la Iglesia; y es la esencia de la vida de Dios.

11. EL HOGAR ES DONDE ESTÁN EL CORAZÓN (Y LA CABEZA)

Podemos aprender aún más de esta vida eterna, divina, si pasamos revista a lo que Dios hace por nosotros en este mundo. Considera, por ejemplo, las dos dimensiones de nuestra salvación que tanto enfatizó San Pablo: la justificación y la santificación. Representan dos dimensiones de nuestra experiencia de Dios que corresponden a las dos procesiones eternas que hay en Dios. Podemos ver la salvación en términos legales: como justicia, obediencia y cumplimiento de la ley paterna. En ese caso, vemos nuestra justificación como obra del Hijo, el Logos, porque se trata de una obra entendida en términos legales y racionales. Sin embargo, podemos considerar también nuestra salvación en términos de santificación: un don gratuito de amor, una gracia dispensada ordinariamente a través del culto comunitario y sacramental. Podemos describir nuestra santificación, entonces, como obra del Espíritu Santo, el Santificador: una obra que es nupcial y maternal por naturaleza[21].

---

[21] Cf. A. Nachef, *Mary's Pope: John Paul II, Mary, and the Church Since Vatican II*, Sheed Ward, Franklin, Wis. 2000, p. 103: «El Espíritu Santo conecta no sólo la maternidad de María en la Anunciación y su maternidad en el orden de la gracia, sino también la maternidad virgi-

Conocimiento y amor se perfeccionan eternamente en un acto indivisible. Observamos que esta realidad divina se refleja en la creación: en la historia de la salvación, en la vida de la Iglesia y en nuestras propias vidas. No podemos amar lo que no conocemos, pero a veces podemos conocer sin amor. La ley sin amor nos deja en un intelectualismo frío. El amor sin ley, por otra parte, se corrompe y degenera.

La ley está orientada hacia el amor, y el amor perfecciona la ley. San Pablo nos dice que «la ciencia hincha, pero la caridad edifica» (*1 Cor* 8, 1). Pero Pablo no está defendiendo una dichosa ignorancia, pues también nos urge a decir la verdad con amor (*Ef* 4, 15). Tenemos necesidad tanto del conocimiento como del amor, para vivir a imagen y semejanza del Dios trino y uno. Por tanto, necesitamos de los dos, conocimiento y amor, si queremos ser plenamente humanos. La salvación, en definitiva, implica hacerse verdaderamente humano, mediante la realización de las necesidades más profundas de conocimiento y amor, que sólo pueden ser satisfechas en la Trinidad.

Esta verdad divina se manifiesta tanto en la nueva Alianza como en la antigua, en la Iglesia como en Israel, porque, en ambas, la ley se ordena a la liturgia. La ley de Israel estaba ordenada a la pureza ritual. Actualmente, el derecho canónico nos delimita

---

nal de Dios con la maternidad virginal de la Iglesia... Que el Espíritu Santo es la Persona Divina que asegura la continuidad entre la maternidad virginal de María y la maternidad virginal de la Iglesia es un hecho que se ha convertido en punto seguro de la Pneumatología de Juan Pablo II».

las fronteras de nuestro hogar, la Iglesia, el lugar del sacrificio y de los sacramentos.

También en la familia podemos observar cómo actúan estos principios (aunque aquí es difícil simplificar sin caer en los estereotipos). Tradicionalmente identificamos paternidad, el principio masculino, con ley, lógica y objetividad. La maternidad la asociamos con amor, sabiduría y una profunda intuición subjetiva. En mi propia casa, en la que soy padre, mi conocimiento objetivo me conduce a veces a una serie de castigos que considero que son perfectamente justos y lógicos. Sin embargo, la sabiduría de Kimberly y su intuición me llevan a menudo a ver que, aunque mi pensamiento es correcto, a mi acción podría faltarle amor en las circunstancias concretas de este hijo en particular. Puede que yo tenga la razón, pero obraría mal si no someto mi conocimiento a la sabiduría de Kimberly. Pío XI dijo: «Si el varón es la cabeza, la mujer es el corazón, y como aquél tiene el principado del gobierno, ésta puede y debe reclamar para sí, como cosa que le pertenece, el principado del amor»[22].

---

[22] Pío XI, Enc. *Casti Connubii*, 31-XII-1930, n. 10; Cf. J. Grabowski, «Mutual Submission and Trinitarian Self-Giving», *Angelicum* 74 (1997), 504-505: «Por lo tanto como el Espíritu Santo es el lazo de amor y comunión dentro de la vida trinitaria, se puede decir que las mujeres, de forma análoga, reflejan y encarnan las mismas cualidades cuando crían y mantienen la comunión dentro del matrimonio y la familia». Cf. también P. F. de Solenni, *A Hermeneutic of Aquina's "Mens" Through a Sexually Differentiated Epistemology: Towards an Understanding of Woman as Imago Dei*, Apollinare Studi, Roma 2000; J. Hartel, *Femina ut Imago Dei: The Integral Feminism of St. Thomas Aquinas*, Pontifical Gregorian University, Roma 1993.

12. Emparejando

Con las dos procesiones trinitarias, hemos emparejado un cierto número de términos complementarios:

Procesión del Hijo	*Procesión del Espíritu*
Conocimiento	Amor
Entendimiento	Voluntad
Justificación	Santificación
Marido/ Padre	Esposa/ Madre
Legal	Litúrgico
Ley	Misericordia

Aunque estos términos puede distinguirse entre sí racionalmente, son inseparables en la vida cristiana. Pero, con demasiada frecuencia, los cristianos tratan de aislar estas realidades: contemplamos la justificación al margen de la santificación, la ley separada de la liturgia, el conocimiento sin relación con el amor. Esto no funciona, y el proyecto termina invariablemente colocando términos que son inseparables en una posición diametralmente opuesta. Su unión tiene su origen en Dios, en la «alianza eterna». Y lo que Jesús dijo de otra alianza se aplica perfectamente aquí: «Lo que... Dios ha unido, que no lo separe el hombre» (*Mt* 19, 6).

Esta verdad teológica tiene profundas implicaciones para la vida diaria. Lo que comienza en la Trinidad, lo vivimos en nuestra unidad de vida..., con las personas, la familia, la sociedad. Todo lo que Dios ha hecho, incluidos tú y yo, lleva la imagen y semejanza de la Trinidad.

Para ser completamente humanos, para ser completamente divinizados, necesitamos a la Trinidad *entera*: Padre, Hijo y Espíritu Santo[23]. Necesitamos ser justificados y santificados: necesitamos la ley y necesitamos el amor. Necesitamos ser engendrados por padre y madre.

13. LA MANO QUE MECE LA CUNA

Puede parecer casi una blasfemia, pero los cristianos *podemos* poner demasiado énfasis en Cristo, si nos olvidamos también del fin para el que vino. Vino a la tierra para darnos el Espíritu. Ascendió al Padre para que el Espíritu pudiera descender sobre la Iglesia. En estas acciones divinas, la historia de la salvación manifestaba las procesiones divinas. El Padre que envía al Hijo en la historia es imagen del Padre que engendra al Hijo en la eternidad. La venida del Espíritu Santo sobre la Iglesia en Pentecostés es imagen de la procesión del Espíritu desde el Padre y el Hijo en la eternidad.

---

[23] Cf. de Margerie, *Christian Trinity in History*, pp. 287-88: «La analogía familiar de la Trinidad puede dividirse en dos aspectos: el aspecto paterno-filial y el aspecto conyugal... Nos parece que una gran parte de las dificultades que durante mucho tiempo se han esgrimido contra la explicación de la dimensión conyugal de la analogía familiar han desaparecido hoy. Pensamos que ha llegado el momento de profundizar en esta analogía... La lógica interna del Nuevo Testamento no sólo autoriza tal conclusión. La exige». Cf. W. D. Virtue, *Mother and Infant: The Moral Theology of Embodied Self-Giving in Motherhood*, Pontifical University of St. Thomas, Roma 1995; E. C. Muller, *Trinity and Marriage in Paul*, Peter Lang, New York 1990.

Así que si nos centramos en las obras de Cristo hasta el punto de excluir al Espíritu Santo, ¡se nos escapa la obra más importante de Cristo! La labor esencial del Espíritu es reproducir la vida de Cristo, su sufrimiento, muerte y resurrección, en todos y cada uno de nosotros. Si descuidamos al Espíritu, estamos descuidando a Cristo también. «Os conviene que yo me vaya», dijo a sus discípulos, «porque, si no me fuere, el Consolador no vendrá a vosotros; pero, si me fuere, os lo enviaré... cuando viniere aquel, el Espíritu de verdad, os guiará hacia la verdad completa» (*Jn* 16, 7.13).

Cuando recitamos el Credo, debemos decir primero «creo en el Espíritu Santo», para poder decir después «creo en la Santa Iglesia Católica». Este orden es completamente deliberado. Pues no puedo creer en la verdad de la Iglesia si no tengo vida en el Espíritu. No puedo asentir plenamente a la Madre Iglesia mientras no viva la plenitud de esa vida en el Espíritu.

Cuando el Hijo volvió al Padre, no nos dejó huérfanos. Nos envió el Espíritu eterno para que viviera con nosotros y dentro de nosotros. Creo firmemente que, hoy, necesitamos cultivar nuestra devoción a esta tercera Persona de manera que el Espíritu ya no ocupe un lugar de tercera, no siga siendo «el Gran Desconocido» para nosotros. Esto requerirá un estudio profundo, pero una oración aún más intensa. Sólo entonces, con nuestra plena experiencia de las dos procesiones divinas, seremos plenamente hombres, capaces de vivir la trinidad y unidad de Dios en nuestra vida cotidiana: conociendo y amando, justificados y santificados.

XI. EL SAGRADO HOGAR

Dios nos ha dado una nueva familia, unida por el vínculo de su nueva Alianza. Entonces, ¿qué debemos hacer con nuestras familias naturales?

Muy sencillo, tenemos que convertirlas en cielo.

Para alcanzar todo aquello para lo que Dios nos creó, debemos crecer a su imagen cada vez con más perfección. Eso significa que debemos entregarnos completamente. Ahora bien, excepto en el caso extraordinario del martirio, no podemos hacerlo de una sola vez, y no podemos hacerlo nunca solos. Nos vamos perfeccionando a imagen de Dios sólo si «nos hacemos Cristo», en comunión con Cristo y con los demás, en comunión con la Iglesia.

1. TRES PARA CASARSE

¿Por dónde empieza esto? Comienza normalmente por nuestra familia natural, que en el plan de Dios es la unidad fundamental de la Iglesia. La Iglesia y la familia son más que «comunidades»; son, como la Trinidad, una comunión de personas. Y por eso tienen un aire de familia. Al igual que la Iglesia es una familia universal, la familia particular es una «iglesia doméstica» (cf. CCE n. 1656).

Por el matrimonio, que es un sacramento de la nueva Alianza, los hogares reciben un nuevo parecido de familia con Dios. San Pablo escribió: «Por eso doblo mis rodillas ante el Padre, de quien toma su nombre toda familia en el cielo y en la tierra» (*Ef* 3, 14-15). Las familias terrenas reciben su «nombre», su identidad, su carácter de Dios mismo. Han sido creadas a su imagen.

En el principio, Dios nos creó con el imperativo familiar. Nos hizo, alma y cuerpo, con necesidades e impulsos que no íbamos a poder realizar por nosotros mismos. Nos hizo así para que buscáramos la perfección en los demás. Como escribió San Agustín, nuestro deseo primordial es «encontrar a alguien con quien recordar con amor»[1].

Deseamos el amor de un amante, de un esposo, de una familia..., pero esos deseos nos dejan sólo parcialmente satisfechos. Recuerdo una vez que estaba sentado en un restaurante con un viejo amigo; me dijo que echaba de menos los primeros días de matrimonio, cuando él y su mujer podían estar pensando el uno en el otro y tener entre sí muchas atenciones románticas. En los años que se habían sucedido desde entonces, sus vidas se habían sobrecargado con los cuidados normales de tener a los hijos en el colegio, trabajar muchas horas en la oficina, y correr a casa..., cosas todas ellas buenas y necesarias. Pero mi amigo añoraba esa mirada enamorada que parecía que nunca desaparecería.

---

[1] San Agustín, *Sermón* 69. 2-3.

Lo que le sucedía es una nostalgia, un deseo, que, en la providencia amorosa de Dios, sólo se puede poseer por completo en la Trinidad. El matrimonio nos ayuda con frecuencia a ver que existe el cielo; más aún, el matrimonio es un profundo *sacramento* de la vida trinitaria, esa vida que es la esencia del cielo. Pero el matrimonio en sí no es el cielo. Es más, si colocamos la felicidad romántica por encima de nuestra verdadera realización en Dios, si hacemos de un «matrimonio maravilloso» nuestra última meta, pervertimos el significado del matrimonio, desvirtuamos su propósito sacramental y caemos en un camino que nos aparta del cielo.

Pero no me malinterpretes. Cada esposo *debe* intentar hacer al otro feliz, como los padres *deberían* procurar la felicidad de sus hijos, y los hijos a su vez *tendrían* que complacer a sus padres. Pero sólo podemos encontrar la felicidad verdadera y permanente haciendo la voluntad de Dios; todos los demás deseos son fugaces. Como miembros de una familia, sólo «hacemos a los otros realmente felices» cuando los acercamos a Dios de manera que crezcan en santidad y vivan más la vida trinitaria de entrega. Hacemos a los demás felicísimos cuando les ayudamos a vivir en el cielo, ya aquí en la tierra.

Recuerda: la palabra hebrea «matrimonio», *kiddushin*, significa también «santidad».

2. AMOR RESISTENTE

En la práctica, ¿qué significa todo esto para nuestra vida de familia?

Significa que la vida de familia en la tierra nos da oportunidades constantes para que nos neguemos a nosotros mismos en favor de los demás, para que demos nuestra comodidad y tiempo libre de modo que los demás puedan tener comodidades y tiempo libre, para que miremos a los demás con amor incluso cuando nos miran mal. Si vivimos de esta manera, imitamos la vida íntima de Dios y convertimos nuestros hogares, nuestras Iglesias domésticas, en santuarios de caridad, sucursales del cielo.

Esto no quiere decir que seamos indulgentes con la conducta malsana o inmoral de los miembros de nuestra familia. La paz doméstica nunca requiere la tolerancia del pecado. Por el contrario, podemos encontrar muchas ocasiones para amonestar, corregir e incluso castigar a los que están a nuestro cargo. Pero actuaremos así siempre por amor, por el bien del otro, y nunca para satisfacer nuestro propio deseo de venganza, de poder o de control. Corregir a alguien, cuando lo hacemos correctamente, significa mostrarle que su conducta le está apartando de la felicidad verdadera, y luego ayudarle a encontrar el camino de vuelta al buen sendero.

Todo esto exige sacrificio personal y entrega. Debemos negarnos el deseo de desahogar la furia que a veces tenemos en nuestro interior. Hemos de renunciar al placer de responder con sarcasmo o dureza a nuestros hermanos, hijos, esposo o padres.

3. 1 + 1 = 1

Nuestra vida Trinitaria tampoco se detiene a la puerta del dormitorio. La unión sexual es el acto que sella y renueva la alianza de por vida entre un hombre y una mujer. Es el acto que les hace una familia. Manifiesta un amor tan fuerte que «los dos se hacen uno», como dije antes, un «uno» tan real que nueve meses después tienes que ponerle nombre. La unión sexual es un acto de poder extraordinario, cuando le dejamos decir su verdad.

El amor conyugal es sacramental. El acto sexual es, en términos tradicionales de la Iglesia, «*el* acto matrimonial», el acto que consuma el sacramento del matrimonio. Y un sacramento es un canal de gracia divina, que es la misma vida de Dios. En los sacramentos, encarnamos la verdad. La palabra se hace carne. Por tanto, para los católicos, el sexo es un misterio, pero no es algo que eluda la certeza moral o la realidad verificable.

El amor matrimonial es sacramental, y la raíz de la palabra «sacramento» es *sacramentum*, palabra latina que significa «juramento». Cuando «hacemos el amor», nos situamos bajo un solemne juramento: decir la verdad, toda la verdad y nada más que la verdad (así que ayúdame, Señor).

¿Y cuál es la verdad que decimos bajo juramento? Que el amor nos hace una familia, como Dios, que es tres-en-uno. Dijo Juan Pablo II: «Dios, en su más profundo misterio, no es solitario, sino una familia, puesto que tiene en sí mismo paternidad, filiación y la esencia de la familia, que es el amor».

Decimos, también, que Dios es fiel a su pueblo. La metáfora que San Pablo eligió para aplicarla a Cristo y la Iglesia es la de amante. San Juan el Vidente, por su parte, expone sus visiones en el libro del Apocalipsis, que en el idioma original significa «libro del le-

173

vantamiento del velo». Levantar el velo es el momento cumbre habitual de un banquete de bodas, y por eso es una forma apropiada de revelar la cena nupcial de Cristo y su Iglesia.

Todo esto es la *palabra* que encarnamos en nuestro abrazo conyugal.

Por tanto, como imagen de Dios, que es fiel y que es uno, el vínculo familiar entre marido y mujer debe ser permanente e indisoluble. Además, como Dios es fecundo y generoso, una pareja casada debe estar abierta a la vida, deseosa de cooperar con el Padre en la concepción de los hijos. Este contexto puede ayudarnos a entender por qué la Iglesia prohíbe los actos anticonceptivos, el aborto, la homosexualidad y el adulterio: todos ellos son contrarios a la ley natural y a la vida sobrenatural que compartimos con la Trinidad.

4. DISPUESTOS A SER SOLTEROS

Si fuimos creados para el éxtasis amoroso, ¿por qué algunos tienen que quedarse solteros? ¿Por qué iba a elegir alguien el celibato?

Los solteros son miembros de pleno derecho de la familia de Dios. Más aún, la gracia de la vida cristiana les da una visión más amplia de la vida familiar. En Cristo nunca están solos, porque están siempre entre sus hermanos y hermanas en la Comunión de los Santos. Los cristianos solteros caminan con familiares cercanos dondequiera que vayan, en el trabajo y en el descanso. Son solteros no porque no hayan encontrado una familia. Permanecen solteros como un modo de vivir la vida de familia. Su condición de

174

solteros les permite hacer la obra de Dios y llegar a gente a la que de otra forma no podrían llegar. Si su condición de soltero no es mediante voto y permanente, al menos es providencial y presente..., y eso les proporciona una oportunidad para una entrega total que no es menor que la que da a los esposos la vida de casados.

El celibato, el estado de soltería por compromiso y permanente, no es una represión de la naturaleza. Es, más bien, una realización de los deseos naturales por medios sobrenaturales. A fin de cuentas, Dios hizo el matrimonio para que fuera un medio para ir al cielo. Pero Jesús dijo que en el cielo los hombres «ni se casan ni son dados en matrimonio, sino que son como ángeles» (*Mc* 12, 25). El célibe decide vivir, ahora, como si él o ella estuviera ya en el cielo con Dios. Como dijo Jesús, los célibes consagrados se «han hecho a sí mismos eunucos», esto es, han renunciado voluntariamente a la actividad sexual, «por el reino de los cielos» (*Mt* 19, 12).

Por esta razón, y por otras muchas razones prácticas, San Pablo defendía apasionadamente que el celibato es el camino más perfecto que pueden vivir los cristianos (cf. *1 Cor* 7). El Apocalipsis corrobora su discurso, dando a las vírgenes consagradas un lugar preeminente en la vida celestial (14, 4).

Sacrificando los placeres del matrimonio, el célibe demuestra la cualidad radical de su entrega. El sacerdote célibe se da completamente a Dios mediante el servicio a su pueblo. Por tanto, comienza a vivir el vínculo nupcial que continuará en el cielo.

El celibato abrazado por el sacerdote y por la consagrada les hace más fecundos apostólicamente. El deseo de procrear, sacrificado con alegría, queda sublimado y se convierte en celo por ganar almas para la familia de la alianza de Dios. Jesús mismo prometió que sucedería así: «En verdad os digo que ninguno que haya dejado casa, mujer, hermanos, padres o hijos por amor al reino de Dios dejará de recibir mucho más en este tiempo y la vida eterna en el venidero» (*Lc* 18, 29-30).

5. ALTA FIDELIDAD

Encontrar a alguien con el que poder recordar con amor: éste era el deseo de Adán. Éste era mi deseo (aunque no lo sabía) el día que conocí a Kimberly Kirk. Pero encontrar a doña Adecuada no era el final de la historia de Adán, ni la mía, ni la de ningún otro hombre. Despertar a don Adecuado no era el final de la historia de Eva, ni la de Kimberly, ni la de ninguna otra mujer.

Adán tenía que *probar* su amor..., y todos nosotros tenemos que probar nuestro amor, todos y cada uno de los días. No quiero decir que tuviera que satisfacer las inseguridades de Eva. Tenía que darse completamente por ella. De esta forma viviría como Dios vive, y eso habría supuesto su entrada en la vida divina.

Cualquier otra cosa que no hubiera sido un sacrificio total, no habría sido amor. En el amor debemos darnos *del todo*. Piensa en ello en los siguientes términos: una mujer le dice a su marido: «Dime la verdad, cariño... ¿me has sido fiel?» ¿Puede un hombre contestar honradamente que sí, habiendo sido fiel el noventa y nueve por ciento del tiempo? ¿Podría decir que le estaba siendo sincero, porque sus días de fidelidad exceden con mucho sus días adúlteros?

De ninguna manera. El matrimonio es una propuesta de todo o nada. No podemos reservarnos nada. Y ésta es otra manera de que el matrimonio actúe como sacramento, como revelación, del amor de Dios. Pues su alianza es un vínculo nupcial que requiere total fidelidad. Es la verdad y nada más que la verdad. Es la plenitud de la vida divina, sin lugar para el pecado o la duda.

Esto exigirá nuestra entrega total. Como Adán, seremos probados, no porque Dios sea una especie de sádico sobrenatural al que le gusta vernos fracasar, sino porque de otra manera no podríamos elegir libremente vivir y amar como Él lo hace.

6. SIGUE CON LA VOCACIÓN

Podemos discernir *tres* etapas en nuestra vida cristiana: vocación, prueba y oblación; la llamada de Dios, nuestra respuesta y nuestro ofrecimiento. No son etapas que se hagan de una vez. Más bien se repiten de distintas maneras conforme vamos madurando. La vida cristiana se va desarrollando, como este libro, con frecuentes retornos a los comienzos, para avanzar hasta el pleno cumplimiento.

Vocación. La primera etapa corresponde a la propia identidad. Dios Padre nos llama, y por eso sabemos que somos sus hijos. Por la fe aceptamos nuestra filiación.

Como cualquier buen padre, Dios ama a sus hijos, pero nos ama demasiado como para dejar que sigamos siendo niños para siempre. Quiere que crezcamos hasta la madurez completa, que vivamos como Él vive.

No podemos hacerlo sin...

Prueba. La segunda etapa se refiere a nuestro autodominio en la imitación del Hijo de Dios, Jesucristo. Tenemos que probar nuestro amor eligiendo amar a lo divino, escogiendo darnos completamente. Pero no podemos ofrecer a Dios lo que no hemos conquistado previamente. No podemos dar lo que antes no poseemos.

Imagínate por un momento a los antiguos israelitas. Al sumo sacerdote que intenta llevar al altar una gran cabra, ¡o incluso un ternero! No podría sacrificar al animal mientras no lo hubiera amansado, atado y lo tuviera bajo control. Bien, tampoco podemos entregarnos mientras no nos hayamos poseído a nosotros mismos.

Otro ejemplo de la historia antigua: los israelitas no podían entrar en la Tierra prometida mientras no sometieran a los siete pueblos que vivían allí. San Gregorio Magno señalaba que es un hecho literalmente histórico que corresponde a una profunda verdad espiritual. Debemos dominar los siete pecados capitales: ira, lujuria, soberbia, avaricia, pereza, gula y envidia, para poder entrar en la Tierra prometida de la vida trinitaria.

Ésta es nuestra prueba, nuestra tentación. Requiere esfuerzo y un cierto grado de sufrimiento. Más aún, exige fortaleza, basada en la esperanza. Pero si perseveramos, nuestra prueba culminará en nuestra...

Oblación. La etapa final marca nuestro sacrificio personal, cuando hemos renunciado por completo a nosotros mismos por otro, en concreto por Dios. Esto sucede cuando nos convertimos en aquello para lo que fuimos creados, cuando satisfacemos el fin de nuestra creación, cuando reflejamos la imagen divina. Al final, nos poseemos a nosotros, para entregarnos, de forma que podamos llegar a ser nosotros mismos. No hay otro modo de vivir en Cristo, pues ésta es la forma en que Cristo vive. Sólo podemos hacer nuestro propio ofrecimiento a través de nuestra participación en el Espíritu Santo, que perfecciona nuestro amor.

Vocación, prueba, oblación. Fe, esperanza y caridad. Padre, Hijo y Espíritu Santo. Nuestros bienes últimos —nuestro camino, nuestra verdad y nuestra vida—, parecen venir en tríos.

XII. UNA COSA SEGURA

Comencé este libro con una reflexión sobre lo que es enamorarse, casarse y tener un hijo. Aunque he gozado de la gracia de estudiar con algunas de las mentes y almas cristianas más privilegiadas, nada me ha ayudado tanto a crecer, como cristiano y como teólogo, como esos sublimes momentos familiares. La Iglesia llama correctamente sacramento al matrimonio, porque un sacramento es, por definición, un signo exterior de la gracia interior... y la gracia es una participación en la vida de Dios.

1. Primogénito

Volvamos a la historia del nacimiento de mi primer hijo, Michael. Después del parto con cesárea y de la breve estancia en el hospital para recuperarse, Kimberly y Michael regresaron a casa junto a mí. Kimberly había sido transformada por la experiencia. La cirugía la había dejado con cicatrices, agotada, y temporalmente doblada; pero nunca había estado tan guapa..., y el aura del Espíritu de Dios no había brillado tanto de gloria como cuando veía a Kimberly levantarse noche tras noche. Después de treinta horas de parto doloroso, seguido de cirugía mayor, Kimberly había vuelto a casa a pasar largas noches de sueño irregular, interrumpido por tomas y eructos. Bastaba con abrir los ojos para poder *ver* su entrega y su amor que daba vida.

Contemplaba con asombro cómo ella alimentaba a mi hijo con su pecho. En mi mente resonaban pasajes de las sagradas Escrituras:

«Pero he aquietado y acallado mi alma, como niño sosegado al pecho de su madre» (*Sal* 131, 2).

«Alegraos con Jerusalén, y regocijaos con ella, todos los que la amáis... para mamar en delicia de sus pechos de consuelo» (*Is* 66, 10-11).

Mi mujer podía decir, con el Señor: «Esto es mi cuerpo, que se entrega por vosotros». En su propio cuerpo, Kimberly estaba extendiendo el misterio de la nueva Alianza. Como nuestro Señor nutre a la Iglesia, así ella alimentaba a nuestro hijo..., de su propia sustancia.

2. NO HAY PALABRAS PARA DESCRIBIR

Su sacrificio me admiraba. Pero yo también quería ayudar, aliviar sus cargas. Una noche, a eso de las tres, después de que Kimberly hubiera estado amamantando a Michael durante media hora, se me ocurrió preguntar si podía coger al bebé un rato. Me dijo que sí, sonriendo con alivio y agradecimiento. Tomé a Michael en mis brazos, y Kimberly se arrebujó para dormir.

Me fui a la habitación de al lado, dando palmaditas en la espalda de Michael, intentando que eructara para que pudiera volver a dormirse tranquilamente. Mis ojos estaban casi llorosos de amor hacia ese niño: mi hijo, mi semejanza, mi primogénito. Le abracé y le di palmaditas como había visto hacer a Kimberly. Pero quizá lo hice demasiado fuerte porque, de repente, oí un fuerte hipo, y me vi cubierto por algo caliente.

Algo tibio y húmedo bajaba por mi espalda.

Era la primera vez que alguien había vomitado sobre mí. Y no estaba seguro de cómo reaccionar. Así que levanté a mi hijo del hombro y le acuné en mis brazos, y miré a los ojos brillantes, centelleantes y salvajemente despiertos de esta personita: la única persona que había vomitado sobre mí.

Si me hubieras preguntado un año antes cómo me iba a sentir mirando a los ojos de alguien que me acababa de vomitar encima, me habría dado asco. Pero mientras miraba a ese niño, manaba dentro de mí todo el amor del mundo. Aunque había conocido el amor de mis padres, y conocía el amor de mi mujer, nunca antes lo había sentido de esta forma.

No *necesitaba* sostenerle más. Ahora que había expulsado aquello de su organismo, podría haberse vuelto a dormir fácilmente. Pero en vez de tumbarlo, me senté en la mecedora, y, a la luz de la luna, miré a esos ojos durante... no sé cuanto tiempo. Había pensado que Kimberly era el cien por cien del ser y del fin del amor. Ahora sentía que nuestro amor mutuo se había multiplicado exponencialmente.

Miraba los ojos de Michael y vinieron a mi corazón unas palabras clarísimas:

¿Ves cuánto le amas?

«¡Sí, Señor! ¡No se puede describir con palabras!»

Bien, pues no puedes amar a tu hijo más de lo que yo amo a mis hijos.

Darme cuenta de esto me dejó sin respiración.

Un mes antes, o el día anterior, te podía haber referido lo básico de esa afirmación explicándolo como un hecho teológico obvio: Dios es infinito y eterno, y por tanto tiene una infinita capacidad de amar; yo, sin embargo, soy finito y mortal; por tanto Dios puede amar mucho más que yo.

Pero lo que estaba experimentando aquella noche a las tres de la madrugada no era un argumento teológico o una fórmula doctrinal. Era un mensaje de amor, enviado personalmente, aunque sin una voz audible o un susurro.

Casi toda una hora me mecí en la silla, con el bebé muy pegado a mí y meditando en que amaba a ese niño más de lo que podría decir, ¡y que mi Padre Dios me amaba a mí todavía más!

3. SIN UNA DUDA

Ahora tengo que hacerte una confesión. ¡He tenido que hacerte muchas *confesiones*!

Con el nacimiento de cada uno de mis seis hijos he crecido en esa percepción luminosa, y en el regusto de mi filiación, pero también he perdido su brillo muchas, muchas veces. Soy un pecador, y el pecado quita el brillo de nuestras vidas como hijos de Dios. Porque, cuando pecamos, ya no vemos a Dios como Padre. «El pecado original no es sólo la violación de una voluntad positiva de Dios, dijo Juan Pablo II. El pecado original tiende a... abolir la paternidad, destruyendo sus rayos que penetran en el mundo creado, poniendo en duda la verdad de Dios, que es Amor, y dejando la sola conciencia de amo y de esclavo... el hombre esclavizado se ve empujado a tomar posiciones en contra del amo que lo tenía esclavizado»[1].

Cuando peco, pierdo de vista la paternidad de Dios, y me encuentro a mí mismo mendigándole que vuelva a mostrarme lo que me mostró la noche en que tenía en brazos a Michael. «¿Cómo pasar de la certeza teórica del amor divino a la seguridad práctica de que soy tu hijo?»

Siempre que me viene este sentimiento, el Espíritu Santo me impulsa a hacerme esta pregunta: Bien, ¿cómo saben los chicos Hahn que son hijos de Scott?

Tienen algunas sólidas razones para estar seguros[2].

1   *Viven en mi casa.* Cuando dicen que están «yendo a casa», quieren decir que se dirigen a la vieja casa de Belleview Boulevard, la casa cuyo alquiler está a mi nombre, la casa por la que pago impuestos.

2   *Son llamados por mi nombre.* Cada uno, de mayor a pequeño, es un «chico Hahn». Es mi apellido el que

---

[1] Juan Pablo II, *Cruzando el umbral de la esperanza*, Plaza & Janés, Barcelona 1994, p. 221.

[2] Parte de este material está adaptado de Hahn, «Mistery of the Family of God», en Hahn y Suprenant (eds.), *Catholic for a Reason*, pp. 15-18.

está puesto en la puerta principal. Cuando firman sobre la línea de puntos, terminan con cuatro letras que recibieron de mis predecesores: H-a-h-n.

3   *Se sientan a mi mesa.* Seguro que se acuerdan de esto, porque ciertamente les gusta comer. A mí también me gusta, cuando comemos todos juntos.

4   *Participan de mi cuerpo y sangre.* Me lo pueden agradecer o echar en cara, pero todos ellos se parecen de una forma u otra: el parecido de familia. Si no lo pueden ver en un retrato familiar, pueden descubrirlo con una prueba de ADN. De tal palo, el de Hahn, tal astilla.

5   *Mi esposa es su madre.* Y les recuerdo, siempre que puedo, que me deben un gran favor, porque les di la mejor de las mamás.

6   *Siempre celebramos juntos.* La familia es, por naturaleza, una máquina de hacer memoria. Nosotros, los Hahn, celebramos cumpleaños, aniversarios, santos, días festivos, vacaciones. Montones de postres. Velas encendidas. Estamos acostumbrados a cantar. Ser uno de los Hahn es una continua celebración.

7   *Reciben educación y disciplina de mí.* No corrijo a los hijos del vecino, ni a los chicos de la mesa de al lado en el McDonald's. Por tanto, los chicos a los que educo saben que son míos. Y la educación no es solamente instrucción, consiste en pasar tiempo con ellos, modelar virtudes, enseñarles a razonar mientras mantenemos una conversación. Educación y disciplina es el modo de hacer discípulos.

Sobre estas bases (y otras más), mis hijos nunca tienen que preguntarse: «¿Qué hago en este lugar?» o «¿me darán de comer?» Saben que pertenecen a la Casa de Hahn.

4. SEÑALES DE LA IGLESIA

¿Nos ha dado el Padre celestial menos en la Iglesia católica? Piensa en las mismas siete seguridades que tienen mis hijos, aplicadas ahora a ti y a mí como miembros de la Iglesia.

Vivimos en su casa. Como miembros de la Iglesia católica, vivimos en la casa que Cristo prometió construirnos, como hace un hombre sabio, sobre la roca (*Mt* 16, 17-19). En el Nuevo Testamento griego, la metáfora que se aplica más veces a la Iglesia es la de «casa de Dios». «Cristo está como Hijo sobre su casa, que somos nosotros, si retenemos firmemente hasta el fin la confianza y la gloria de la esperanza» (*Heb* 3, 6). «Por tanto, ya no sois extranjeros y huéspedes, sino conciudadanos de los santos y *miembros de la familia de Dios*, edificados sobre el fundamento de los apóstoles y de los profetas, siendo piedra angular el mismo Cristo Jesús» (*Ef* 2, 19-20).

Somos llamados por su nombre. En el bautismo, somos marcados para la vida en el nombre del Padre, del Hijo y del Espíritu Santo (*Mt* 28, 18-20). Por tanto, nosotros «fuimos sellados con el Espíritu Santo de la promesa, que es prenda de nuestra heredad con vistas al rescate de su patrimonio, para alabanza de su gloria» (*Ef* 1, 13-14). Nuestra unidad familiar está basada sobre «la unidad del Espíritu mediante el vínculo de la paz. Sólo hay un cuerpo y un Espíritu, como también habéis sido llamados con una misma esperanza, la de vuestra vocación, un solo Señor, una sola fe, un solo bautismo, un Dios y Padre de todos» (*Ef* 4, 3-6).

Nos sentamos a su mesa. «Participamos en la mesa del Señor» (*1 Cor* 10, 21), como hijos de Dios, en la

Eucaristía, que Jesús instituyó con sus discípulos «mientras estaban sentados a la mesa» (*Mc* 14, 18).

Participamos de su Cuerpo y de su Sangre. En la Sagrada Comunión compartimos el cuerpo y la sangre de Cristo, según su mandamiento: «En verdad, en verdad os digo que, si no coméis la carne del Hijo del hombre y no bebéis su sangre, no tendréis vida en vosotros. El que come mi carne y bebe mi sangre tiene la vida eterna y yo lo resucitaré el último día. Porque mi carne es verdadera comida y mi sangre es verdadera bebida. El que come mi carne y bebe mi sangre está en mí y yo en él» (*Jn* 6, 53-56).

Su esposa es nuestra madre. La Iglesia es la esposa de Cristo, la Jerusalén celestial (*Ef* 5, 21-32, *Ap* 21, 1-10. 22-23), y también nuestra madre. «Pero la Jerusalén de arriba es libre, ésa es nuestra madre» (*Gal* 4, 26). Más aún, Jesús nos dio a su madre, la Virgen María, para que fuera nuestra madre. «Viendo Jesús a su madre y al discípulo a quien amaba, que estaba allí, dijo a la madre: "Mujer, he ahí a tu hijo". Luego dijo al discípulo: "He ahí a tu madre". Y desde aquella hora el discípulo la recibió en su casa» (*Jn* 19, 26-27).

Celebramos como una familia. Nos reunimos como hijos de Dios para celebrar, sobre todo en el banquete eucarístico. «Cristo, nuestro cordero pascual, ya ha sido inmolado. Así pues, celebremos el banquete» (*1 Cor* 5, 7-8). Por esta razón, Dios nos llama a «llenarnos del Espíritu, hablando entre vosotros con salmos, himnos y cánticos espirituales, cantando y salmodiando al Señor en vuestros corazones» (*Ef* 5, 18-19). Como católicos, celebramos diversos días festivos para honrar a la Madre bendita y a nuestros hermanos y hermanas espirituales, los santos: no sólo por su vida santa sino también por su muerte gloriosa, que se convirtió en su entrada en la casa celestial.

Recibimos educación y disciplina de Él. La revelación de Dios nos guía, a través de las Escrituras, la Tradición y la autoridad del magisterio de la Iglesia. Aceptamos la penitencia y buscamos la reconciliación por medio de los sacramentos. Esperamos que los que tienen la «gracia de estado» en la Iglesia nos enseñen en nombre de Cristo, desde el obispo del lugar hasta nuestro confesor personal. Nuestro Padre celestial utiliza incluso nuestros trabajos y sufrimientos para enseñarnos y guiarnos.

«Hijo mío, no desprecies la corrección del Señor y no desmayes reprendido por Él; porque el Señor, a quien ama, le reprende, y azota a todo el que recibe por hijo. Aguantad con vistas a la corrección. Como con hijos se porta Dios con vosotros. ¿Pues qué hijo hay a quien su padre no corrija?... Pero ellos nos corregían para proporcionarnos una felicidad de pocos días; pero éste, mirando a nuestro provecho, nos corrige para hacernos partícipes de su santidad» (*Heb* 12, 5-7. 10).

5. LA GARANTÍA DE LO QUE SE ESPERA

Todo esto es solamente el comienzo. No necesitamos buscar lejos otras certezas. Toma, por ejemplo, la esperanza que nos da la gracia de Dios. «Ahora bien, es la fe la garantía de lo que se espera» dice Hebreos 11, 1. Creo que la esperanza es la más descuidada de las tres virtudes teologales. Muchos católicos cargan con una fe que está desprovista de esperanza. A menudo la desprecian porque tienen ideas erróneas sobre lo que es. Quizá la han confundido con «tener una ilusión»: «¡Espero que me toque la lotería! Espero que mi equipo gane el Campeonato del mundo».

Algunas esperanzas son inverosímiles y otras, imposibles. Pero algunas son totalmente razonables. Cuando espero ver a mi amigo Dan, que vive en la otra punta del país, llamo a mi agencia de viajes. Monto en un avión de una compañía de confianza pilotado por alguien experto. Y tengo buenos motivos para esperar que veré a mi amigo.

En la fe, tenemos *mayor* garantía, una *garantía más realista*, de que alcanzaremos lo que esperamos: más razones de las que tengo cuando subo al avión. Tenemos el juramento de Dios. Mira con detalle este pasaje de los Hebreos:

> «Cuando Dios hizo a Abraham la promesa, como no tenía ninguno mayor por quien jurar, juró por sí mismo... los hombres suelen jurar por alguien mayor, y el juramento pone entre ellos fin a toda controversia, y les sirve de garantía. Por lo cual, queriendo Dios mostrar solemnemente a los herederos de las promesas la inmutabilidad de su consejo, interpuso el juramento (...), la cual tenemos como segura y firme áncora de nuestra alma, y que penetra hasta el interior del velo, adonde entró por nosotros como precursor Jesús» (6, 13. 16-17. 19-20).

«Sí, todo esto está bien y es bueno, podrías decir, pero Dios sólo hace juramentos a los grandes patriarcas como Abrahán, ¿verdad? ¿Qué tiene que ver conmigo?»

Tiene que ver todo, porque Dios se ha comprometido bajo juramento contigo. Recuerda que la palabra latina «juramento» es *sacramentum*, «sacramento»[3]. Dios se ha juramentado contigo una y otra vez, sacramento tras sacramento, para que no tengas que preocuparte nunca, ni te angusties, ni dudes de sus cuidados paternales. Te ha dado sus propias siete razones, razones sacramentales, de garantía: bautismo, confirmación, penitencia, Eucaristía, matrimonio, orden y unción de enfermos.

6. Respirar tranquilo

Si te pareces algo a mí, te darás cuenta de que es mucho más fácil pensar y hablar acerca de lo que es ser hijo de Dios que creerlo de todo corazón y vivirlo. No hay lucha mayor, o más vital para nuestro bienestar espiritual, que el tema de la seguridad personal. En otras palabras, ¿cómo podemos estar plenamente seguros de que Dios nos ama como hijos suyos?

En lo que estamos de acuerdo todos los cristianos —católicos, ortodoxos y protestantes— es en la promesa de salvación. Jesús murió por nuestros pecados.

---

[3] Cf. H. O. Old., *Themes and Variations for a Christian Doxology: Some Thoughts on the Theology of Worship*, Eerdmans, Grand Rapids, Mich. 1992, p. 119: «Cuando Teruliano llama *sacramentum* al bautismo... la simple elección de esa palabra implica una comprensión del culto en términos de alianza». Para una aproximación similar a la mía, desde perspectivas exclusivamente protestantes, cf. J. F. White, *Sacraments as God's Self-Giving*, Abingdon Press, Nashville 1983; M. G. Kline, *By Oath Consigned: A Reinterpretation of the Covenant Signs of Circumcision and Baptism*, Eerdmans, Grand Rapids, Mich. 1968.

Si lo crees, te salvarás. Es una promesa. Pero la garantía de esperanza llega sólo con el juramento. Como católicos, tenemos el Evangelio y los sacramentos: la promesa y el juramento. Y si eso no es tranquilizador, nada lo será.

Nuestro Padre celestial nos da sólidos cimientos para nuestra seguridad, más que ningún otro padre de la tierra (incluso en la casa de Hahn) ha provisto jamás. No sólo podemos saber que somos hijos de Dios, sino que podemos confiar en que nuestro Padre omnipotente nos llevará a casa seguros. «Tengo la confianza de que el que comenzó en vosotros la buena obra la llevará a cabo hasta el día de Cristo Jesús» (*Filip* 1, 6).

Por supuesto, esta seguridad no significa que nuestra vida vaya a estar libre de lucha y sufrimiento, o que podamos relajarnos y tomarlo con tranquilidad. Tampoco significa que, como Dios es nuestro Padre y Cristo nuestro hermano, podamos empezar a tomarnos la Trinidad a la ligera igual que, quizá, hemos hecho con nuestras familias terrenas.

Nuestra divinización no nos marca un nivel más bajo de lucha, sino mucho más alto. Porque los padres esperan más de los hijos que los jueces de los acusados, los jefes de los empleados o los profesores de los alumnos. De hecho, el nivel es tan alto que nos parece imposible.

Pero la palabra de Cristo nos llega como les llegó a los discípulos, cuando se enfrentaron por primera vez a la enormidad del cometido. «Mirándolos, Jesús les dijo: "Para los hombres es imposible, mas para Dios todo es posible"» (*Mt* 19, 26).

Ésta es la razón por la que decimos que creemos en Dios «Padre todopoderoso». La omnipotencia del

Padre es lo único que hace posible que disfrutemos de la «paternidad de Dios y de la fraternidad del hombre», en la tierra y en el cielo.

Ningún padre bueno exige a sus hijos más de lo que él mismo ha dado. Dios nos pide «ser perfectos», pero sólo porque nos ha dado la vida divina para hacerlo posible. El mandamiento es inseparable del don, y el don es inseparable del mandamiento. Por nuestra parte, lo mejor que podemos hacer es responder con obediencia amorosa al Dios que ha gastado su vida por nosotros.

Lo que no podemos hacer, Dios lo puede, y lo ha hecho. Adán y Eva, Scott y Kimberly, ¡y tú!, podemos vivir a imagen y semejanza de Dios, como hijos de Dios, porque Dios ha querido que sea así.

PATMOS, LIBROS DE ESPIRITUALIDAD
Selección de títulos

ESTE LIBRO, PUBLICADO POR
EDICIONES RIALP, S. A.,
ALCALÁ, 290. 28027 MADRID,
SE TERMINÓ DE IMPRIMIR
EN ARTES GRÁFICAS ANZOS, S. L.,
FUENLABRADA (MADRID),
LA VÍSPERA DEL 8 DE DICIEMBRE DE 2012,
FESTIVIDAD DE LA INMACULADA
CONCEPCIÓN DE LA VIRGEN MARÍA,
MADRE DE DIOS